支付清算文集

（2019 年第 1 辑　总第 1 辑）

中国人民银行清算总中心　编

中国金融出版社

责任编辑：曹亚豪
责任校对：潘　洁
责任印制：张也男

图书在版编目（CIP）数据

支付清算文集. 2019 年 . 第 1 辑：总第 1 辑 / 中国人民银行清算总中心编 . —北京：中国金融出版社，2019.4
　ISBN 978 - 7 - 5220 - 0069 - 5

Ⅰ . ①支… 　Ⅱ . ①中… 　Ⅲ . ①支付方式—中国—文集 　Ⅳ . ① F832.6 - 53

中国版本图书馆 CIP 数据核字（2019）第 064807 号

支付清算文集
Zhifu Qingsuan Wenji

出版
发行　**中国金融出版社**

社址　　北京市丰台区益泽路 2 号
市场开发部　　（010）63266347，63805472，63439533（传真）
网 上 书 店　http：//www.chinafph.com
　　　　　　　　（010）63286832，63365686（传真）
读者服务部　（010）66070833，62568380
邮编　　100071
经销　　新华书店
印刷　　北京侨友印刷有限公司
尺寸　　185 毫米 ×260 毫米
印张　　7
字数　　125 千
版次　　2019 年 4 月第 1 版
印次　　2019 年 4 月第 1 次印刷
定价　　30.00 元
ISBN 978 -7 - 5220 - 0069 - 5
如出现印装错误本社负责调换　联系电话（010）63263947

Preface

时间使伟大的时代问世，绘就了新时代的盛世蓝图。生逢其时，砥砺前行。随着我国金融市场迈入新时代，支付清算行业迅速发展，支付交易逐步优化，平台业务日益丰富，服务水平不断提高，支付市场发展更加规范有序。在中国人民银行党委的正确领导下，中国人民银行清算总中心作为支付基础设施的重要建设者、运营者，不断与时俱进、开拓创新，在支付清算系统建设、开发、测试、运维和管理等方面取得了丰硕成果，确保了国家重要金融基础设施的安全稳定运行，为满足人民群众多样化的支付需求、加快社会资金周转、服务实体经济作出了重要贡献。

当前，支付产业正在经历重大变革，日益显现出运营主体多元化、支付形式多样化、支付领域纵深化发展的新特征。金融科技加快促使支付产业创新升级，进一步推动了普惠金融和"一带一路"建设，支付环境向公平高效、合规标准转变。为更好地适应市场新变化、应对行业新挑战，进一步提升央行支付在行业中的示范引领作用，中国人民银行清算总中心创办了《支付清算文集》，以期与各市场主体合作共享、协同共进。

《支付清算文集》是以指导性、学术性、实践性为定位的央行支付重要宣传平台，以市场参与机构的市场需求和业务场景为出发点，聚焦当前支付领域的热点、重点、难点，研究支付系统的功能完善和风险管理，分析相关政策调整引起的变化，关注全球支付行业最新变革，探讨支付体系未来发展路径。

2019年是新中国成立70周年，是全面建成小康社会关键之年。对支付清算行业来说，就是要以习近平新时代中国特色社会主义思想为指导，坚持党对金融工作的集中统一领导，按照党中央、国务院决策部署和人民银行具体要求，牢牢守住不发生系统性金融风险的底线，紧扣中央经济工作会议"八字方针"，坚守"支付为民"理念，深化支付领域改革开放，加快支付清算市场结构优化升级，推动支付产业高质量发展。

叩响新时代之问，"知常明变者赢，守正创新者进"。我们将继续坚持信仰、坚守信念、保持信心，以交流行业经验、传播支付清算知识为己任，将《支付清算文集》打造成为更具权威性、影响力的行业品牌，不断加强《支付清算文集》与同行业、跨区域的交流并增进共识，为监管部门的决策提供参考，促使支付系统为市场提供更加优质、安全、高效的清算服务。

　　未来，我们诚邀支付市场参与者与《支付清算文集》一同，秉持守正创新、安全普惠的原则，以理性、悦纳、进取的态度，塑造行业新形象，营造改革新氛围，凝聚持续新动能，展现发展新常态，共同见证支付市场的未来！

中国人民银行清算总中心党委书记　齐小东

编辑委员会名单

Contents 目　录

中国支付产业的新变革、新转折、新跨越

改革开放四十年来，我国支付产业实现了跨越式发展，市场规模日益扩大，市场结构持续优化，产业监管成效显著，金融科技应用走在世界前列，为服务实体经济发展和民生改善提供了有力支持。未来一段时期，支付产业发展要继续深入贯彻落实习近平新时代中国特色社会主义思想，按照党中央、国务院决策部署打好支付领域防范和化解金融风险攻坚战，深化支付领域供给侧结构性改革，落实乡村振兴战略规划，实现商业银行与非银行支付机构共赢发展、清算设施协作发展和城乡支付服务协调发展，奋力开拓新时代支付产业发展新局面。

一、支付产业在改革开放中取得历史性变革

改革开放使我国经济社会发生了翻天覆地的变化，支付产业也不例外。改革开放特别是党的十八大以来，我国支付产业砥砺奋进、锐意进取，取得了举世瞩目的成就，跻身世界发达经济体水平。

（一）产业规模日益扩大

经历了初期发展、全面发展、现代化提升等重要阶段，我国支付产业在改革中前进、在开放中壮大。从供需主体来看，我国有 4500 多家银行法人机构、238 家非银

行支付机构（以下简称支付机构）、240 多家财务公司面向广大单位和个人办理支付业务；除了人民银行外，有中国银联等 5 家特许清算机构面向会员提供资金清算服务。广大单位和个人作为需求主体，日益广泛地参与到日常支付活动中来，实现了家家有账户，刷卡扫码深入人心。

从业务量来看，2012 年以来，我国支付业务基本上以超过 10% 的年均复合增长率快速发展，2017 年全国共办理非现金支付业务 1608 多亿笔、接近 3760 万亿元；人民银行各支付系统共处理业务 119 多亿笔、3827 万亿元，相当于全年 GDP 的 46 倍。支付业务快速发展产生规模效应，激发社会资本涌入支付产业，纵向上加速支付服务社会分工不断细化，横向上支付服务与电子商务、机具制造、介质生产、信息技术、咨询服务等行业不断融合，形成利益互联、相互推动的业态发展趋势，推动支付产业不断做大做强。

（二）产业影响力不断提升

支付产业是国民经济的基础，促进社会资金安全、高效流转，保障"血脉"通畅是其基本使命。作为支付基础设施的重要建设者，人民银行强力推进基础设施信息化建设，相继完成第二代支付系统、人民币跨境支付系统（CIPS）、网联平台等重大系统的建设运行，网络覆盖全国、走向世界。其中，大额支付系统的国内资金中枢地位举足轻重，系统性重要影响日益彰显，2017 年处理业务金额达 3732 万亿元，日均近15 万亿元，成为全球第三大全额实时结算系统。人民币跨境支付系统覆盖全球各时区，连接全球 6 大洲 88 个国家和地区，参与者近 800 家，跨境支付主渠道作用、助力"一带一路"建设纽带作用日益增强。

作为支付工具创新的促进者，人民银行坚定不移地支持推陈出新，加快完成纸基支付向电子支付的华丽转变。电子商业汇票成功推出，银行卡成为中国百姓最常用的非现金支付工具，互联网支付、移动支付方兴未艾，无卡支付日益成熟，无感支付悄然兴起。在迭代发展中，创新成为产业发展的第一动力，支付产业成为金融科技的应用高地，推动移动支付成为市场翘楚，其快速崛起给经济金融带来深刻影响，云闪付、支付宝、微信支付等知名品牌家喻户晓，驱动全球快速支付发展，引领世界电子支付潮流，成为我国经济发展新动能蓬勃成长的显著标志之一，得到国内外各方的充分肯定和赞赏。

（三）协调发展实现新突破

尊重产业发展客观规律，积极引导支付产业正确处理城乡关系，实现城乡协调发展。以农村支付环境建设为主抓手，前瞻性地把握、问题导向式地顶层设计、一以贯之地推动落实。截至 2018 年第三季度末，农村地区人均个人银行结算账户 4.57 户、持卡量 3.24 张，每万人拥有特约商户 56.64 户、ATM4 台、POS 机 74 台，助农取款服务点行政村覆盖率 97.75%，村均拥有量 1.6 个，农村支付环境建设已经从早期的惠民便民工程，发展为现在的富民兴民工程，成为助农富农的金融先导和农村经济社会发展的推手，农村支付服务因此发生里程碑式的变化，农村居民足不出村即可享受与城里人一样的基础金融服务便利，"最后一公里"问题基本解决，可获得性大大提高，给农民带来的富足感、幸福感更加充实。

积极引导支付产业统筹国内国际两个市场，坚定不移扩大支付产业对外开放，明确"四项基本原则"，放开外资银行卡清算机构和支付机构市场准入，支付产业步入全面开放新时代。"引进来"快速推进，国外机构申请在境内开展银行卡清算机构业务、支付机构业务已经进入日常工作状态。"走出去"蹄疾步稳，国内支付服务、技术和标准快速落地国际市场，市场份额不断扩大，在服务"走出去"的同时，也深受境外客户好评和信任。

（四）产业监管步入新阶段

改革开放以来，人民银行一直寓监管于服务之中，在服务中监管。伴随着银行支付业务外包的快速发展，越来越多的非银行机构从事支付服务，党中央、国务院审时度势，及时作出将非银行机构纳入支付体系监管的决策部署。人民银行贯彻落实党中央、国务院要求，遵循"规范发展与促进创新并重"的思路，整章建制、严格准入管理，推动非银行机构支付业务步入正轨。2015 年，人民银行科学预判支付服务市场形势，前瞻性地筹划实施支付产业监管变革，率先开展市场乱象整治工作。四年来，人民银行转变监管理念，确立"依法监管、适度监管、分类监管、协同监管、创新监管"的监管理念，明确支付监管的目标不是把机构管死，而是通过督促机构规范经营实现可持续发展。在适度监管中，坚持开放、包容的理念，密切跟踪新技术应用、新业务开展，为产业创新预留一定空间，既不一棍子打死，也不放任自流；适时明确支付业务创新应当履行事前报告和全面评估，谨防借创新之名行违规之实。"适度监管"的实质是包容审慎监管。李克强总理在 2018 年夏季达沃斯论坛和第三次"1+6"圆桌对话会上，对包容审慎监管进行了重点阐述，特别指出包容审慎监管有利于新兴产业蓬勃发展和移动支付领先发展。在分类监管中，着眼普通百姓作为需求主体的客户权益保障，创新实施个人银行结算账户分类改革、个人支付账户分类管理、支付机构分类评级，监管的针对性和有效性大大提高。

四年来，人民银行转变监管方式，构建"政府监管、行业自律、社会监督、公司治理"一体化新监管体系，坚持重典治乱，统筹实施专项整治和对市场主体检查，打好突击检查、专项检查、随机抽查和现场核查组合拳，重点开展联合整治无证经营支付业务、电信网络诈骗犯罪、非法买卖银行卡信息、预付卡违规经营四大战役，创新打造机构分类评级、支付业务许可证续展、客户备付金集中存管、违法违规举报奖励四大非现场监管模式。对违规行为勇于严管、敢于亮剑，严字当头、查处并重，坚持顶格处理、较真碰硬、单位个人双罚，真正让监管严起来、强起来，绝不以监管背书、绝不当监管保姆，努力培育恪尽职守、敢于监管、精于监管、严格问责的监管精神，营造合规光荣、违规受罚的行业文化。

实践充分证明，人民银行的监管理念和做法是正确的，以人民为中心的监管机制和产业发展安排基本形成；监管成效是明显的，市场乱象得到切实整治，市场秩序得到有效维护，一些沉积多年的风险隐患得到清除，规范发展的市场氛围日益浓厚，大部分机构走上可持续发展的康庄大道，为防范和化解金融风险攻坚战作出了积极贡献。

这些历史性成就的取得，得益于党中央、国务院对支付产业发展的正确领导，人民银行牢固树立和践行新发展理念，正确处理政府与市场的关系，更好地发挥政府作用和市场在资源配置中的决定性作用；得益于坚持以人民为中心、优化顶层设计、推动基层落实，努力做到"为了人民、依靠人民、发展成果由人民共享"。在产业变革和创新发展中，人民银行始终发挥支付产业监管者、组织者和支付基础设施重要建设者、运营者的作用，把方向、定政策、促改革、抓实干；市场主体积极响应配合，恪守监管要求，践行社会责任，勇于探索求变，正本清源发展，"规范发展与鼓励创新并重"的中国式支付产业发展道路越走越宽。

应当清醒地认识到，产业发展中也凸显出一些问题：一是商业银行仍对支付业务认识不够、研究不深，支付业务一度成为存贷款业务的附属服务；在市场格局深度调整中反应仍然缓慢，缺乏忧患意识，在零售支付竞争中不断退缩，引领作用发挥不够。二是随着防范化解金融风险攻坚战持续推进，虽然大额罚单不少，但部分市场主体心存侥幸，依旧我行我素。社会举报数据显示，银行卡收单违规售卖机具、挪用网络支付接口仍然高发，反映出部分收单机构主体责任没有落实好、外包管理不严等问题。三是有些市场主体在三令五申的情况下还在为非法活动提供支付服务。从事支付业务不能没有规矩，需要恪守法律法规、公序良俗，务必禁止为黄赌毒和其他违法活动提供支付服务，已经涉足的要坚决停下来。这些问题要引起整个产业高度重视，部分机构出现违规行为，其他机构要对照检查、查漏补遗。

二、支付产业面临迈向高质量发展的重大转折

改革开放 40 周年之际，党中央、国务院推出一系列深化改革、扩大开放的重大举措，必将引领经济社会发展收获新成效、再上新台阶。植根于国家经济社会环境中的支付产业要适应未来的改革开放和经济社会新变化，需要充分认识当前发展形势，抓住机遇，未雨绸缪迎接重大挑战。

（一）防范和化解支付风险向常态化转变

每一次支付方式的重大突破都难免伴随着风险隐患，可以说风险无处不在、违规无孔不钻。从针对现金支付的假币，到票据结算的伪造变造，再到银行卡发卡的信息泄露、伪卡制作，收单商户实名审核不严、交易信息编造，发展到今天针对网络支付的电信网络新型诈骗犯罪，支付产业的发展历史实际上就是一部与风险相随的管理风险历史。

为切实防范风险，保障支付业务安全，促进产业个体和整体可持续发展，从市场主体到行业自律和政府监管，整个支付产业为此做了大量工作，形成若干与风险处置相关的业务流程、制度规范、工作机制和组织形态。2016 年以来，人民银行重点组织开展了支付机构风险专项整治并取得重大成效；通过实施客户备付金集中存管，清除备付金挪用隐患；通过网联平台建设，疏解跨机构清算业务；通过排查无证机构，严厉打击非法从事资金支付结算行为。2017 年以来，人民银行落实全国金融工作会议精神和十九大工作部署，把防范和化解金融风险作为首要任务，力促市场主体回归支付业务本源，严守支付领域系统性风险底线。可以看出，支付领域的严监管是一以贯之的，防范和化解风险是常态化的，这不仅是由支付业务发展规律所决定，也是人民银行作为支付产业监管者的使命所在。未来的支付监管应当是严监管常态化。常态化要求人民银行保持监管定力，过去是这样，未来也是如此；对国内机构如此，对境外机构一视同仁。严监管还要求人民银行在风险暴露时期刮骨疗毒、猛药去疴，规范发展时期居安思危、如履薄冰；对存量风险要按照既定措施去消化，对增量风险要加强监测、抓早抓小、提前防范。

对于严监管，也要正确认识。不能错误地认为严监管是运动式的，专项整治后监管会有所松动。严监管是防范和化解风险、深化支付服务供给侧结构性改革的重要保障，不违规、低风险就是支付服务高质量的有力体现，所以说防范化解风险与深化供给侧结构性改革是支付产业高质量发展的两大引擎，从这一意义上说，严监管常态化也是为高质量发展保驾护航。

（二）支付服务市场结构向稳定优化演进

技术进步带来的新产业、新的市场力量以及由此产生的新市场机制等都是推动支付服务市场结构和功能发生变化的重要因素。改革创新有利于打破与市场发展不相适应的僵化格局，有利于促进市场结构调整，更好地服务实体经济发展。2010 年以来，银行、支付机构作为支付服务提供者同台竞争，中国支付服务市场结构为此发生了巨大变化，传统的"银企结构"迅速过渡到"银行机构 + 支付机构"的新供给组合和"单位 + 个人"的新需求组合。支付服务需求拉动支付服务产品不断创新，服务场景化应用不断丰富。

从终端客户市场看，银行和支付机构共同为广大单位和个人提供支付服务。统计显示，2017 年银行办理电子支付业务 1526 亿笔、2419 万亿元，笔均 15855 元；支付机构办理网络支付业务 2867 亿笔、143 万亿元，笔均 500 元。可以看出，银行服务的客户群体业务量较少，但金额较大，笔均金额是支付机构的 32 倍；支付机构服务的客户群体金额较小，但业务量较大，接近银行的 2 倍；银行的批发支付服务优势明显，支付机构的零售支付特别是小微支付服务优势显著，符合支付机构小额、快捷、便民的服务宗旨和业务定位，符合我国支付服务市场的发展实际，符合支付服务的发展规律。银行与支付机构这种互有侧重、共生共荣的市场发展关系，是支付产业繁荣发展和服务实体经济的重要力量。

在清算服务市场，人民银行一直遵循安全与效率的清算服务政策设计初衷，优化批发支付系统建设，推动零售支付系统完善，努力降低清算服务边际成本，提高清算服务质量，严守系统性风险底线。根据市场化发展趋势，结合不同时期差异化清算服务发展需要，人民银行相继批准中国银联、城商行资金清算中心、农信银资金清算中心、CIPS 运营机构、网联清算有限公司专门在特定业务领域提供资金清算服务，形成了以人民银行为核心、特许清算机构为补充、涵盖银行和支付机构、各有分工的清算服务供给格局，多层次支付体系建设得到大力推进。总体来看，我国清算服务市场发展大方向正确，成绩有目共睹，当然也存在抓机遇不够、创新和服务不足等问题，亟待通过深化改革开放予以解决。

（三）支付领域金融科技应用向商用阶段迈进

在新一轮科技革命和产业革命中，人们把大数据、云计算、区块链、生物识别、人工智能、物联网等新技术在金融领域的应用称为金融科技应用。党中央、国务院高度重视金融科技发展，中央政治局专门组织开展大数据、人工智能的集体学习，国务院专门印发促进云计算创新发展意见、大数据发展行动纲要、人工智能发展规划。人民银行积极落实党中央、国务院决策部署，在工作体制和机制上作出调整，适应和促进金融科技发展；在专题学习上加大力度，掌握金融科技发展趋势；在工作举措上强化引领，催化金融科技应用。2018年10月，人民银行颁布声纹识别安全应用技术规范，成为我国金融行业生物识别的第一个技术标准，标志着以声纹识别为代表的生物识别应用进入崭新的历史发展阶段。

对于金融科技应用，人民银行一直鼓励遍地开花结果，因为只有新技术落地，市场主体才能把握先机、赢得主动，支付产业才能继续保持生机活力；应用成果只有长成模样，作用和机理才能显现，才能进行需求者投票，具有生命力的应用成果才能成为普遍，催生出促进支付产业高质量发展的强大新动能。

在支付领域，金融科技应用迅速进入实战，取得初步成果。例如，运用人脸识别推出无感支付超市，运用区块链实现跨境汇款，组合运用新技术推出高智能化无人银行等。金融科技的本质是金融，金融科技应用的实质是金融创新，因此，支付领域金融科技落地应用的直接结果，将会引起支付的交易环节无感化，带来的场景更丰富、效率更高、客户体验更好、普惠更广泛、风险管理特别是信息安全和资金安全更趋不确定，对支付服务提供者和需求者都将产生巨大影响。下一步，要发挥好人工智能等金融科技的重要战略抓手、重要战略资源作用，更好地催化金融科技在支付产业的实际应用，趋利避害，促进产业发展质量变革、效率变革、动力变革。

三、推动支付产业发展实现新跨越

未来一段时期支付产业发展要继续贯彻落实习近平新时代中国特色社会主义思想，按照党中央、国务院决策部署，打好支付领域防范和化解金融风险攻坚战，深化支付领域供给侧结构性改革，落实乡村振兴战略规划，探索创新工作新思路，巩固前期工作成果，奋力开拓新时代支付产业发展新局面。下面，从正确处理四个方面关系入手，谈几点意见，供参考。

（一）正确处理银行和支付机构之间的共同发展关系

银行机构和支付机构的共同发展模式经历了业务竞争、战略合作，今后的发展模式会是怎样？今后的竞争领域集中在哪里？对人民银行而言，一贯鼓励公平竞争，从顶层设计上打造共生、共赢、共荣模式，既支持银行机构发展，也支持支付机构发展；鼓励银行机构与支付机构取长补短、相互依存、共赢发展；在可持续发展道路上，不论是大机构还是中小机构，不论是银行机构还是支付机构，希望一个都不能掉队。市场是动态变化的，无论是零售支付中日益壮大的支付机构，还是体积庞大的银行，都没有永恒的输赢。关键是要能够重视支付业务、研究支付业务，舍得在支付业务上创新发展。

银行要发挥主导地位和全能作用，在供给侧结构性改革方面动真格、出实招，通过改革改出实效、赢得市场，更有力地服务实体经济发展和民生改善，特别要着眼开放银行发展趋势，积极打造符合本行特点的开放发展生态模式。支付机构要立足自身特点、发挥自身优势，本着"小额、快捷、便民"的业务定位，深耕长尾市场，做精支付主业，做强共生本领。近几年，支付机构拓展了疆土，利用支付资源成立新的机构开展融资、理财、基金等金融业务，要严格隔离支付与其他业务。支付机构本身要严格遵守资管意见和支付业务规定，不得经营或者变相经营其他业务。

同时，大机构要以大局为重，凝心聚力，突破自身认识局限，在贯彻党中央、国务院决策部署，执行人民银行政策要求方面积极响应、有力落实，不打折扣、不搞变通、不等不靠。中小机构，特别是资管新规出台和客户备付金集中存管后，原来以备付金利息收入作为主要收入来源的支付机构要提高忧患意识，勇于自我革命，借力金融科技，加快业务转型，打造竞争优势，稳固和扩大客户群体，在激烈的竞争中实现可持续发展。

（二）正确处理清算设施之间的协作发展关系

各个清算设施都要有清晰的业务定位，业务边界模糊的要予以厘清。不同的清算设施所采取的风险管理安排也不同，例如，批发支付系统的风险管理适合于批发业务，零售支付系统的风险管理只适用于零售业务，把批发业务拿到零售支付系统处理，风险管理措施不匹配，会形成潜在的系统性隐患。在职责清晰基础上，各清算设施运营者要继续深化供给侧结构性改革，想市场之所想，努力着眼新需求，增强服务意识；急市场之所急，积极应用新技术，创新提高服务水平、打造清算服务品牌效应，强化清算系统运维管理、保障系统稳定运行，依靠安全、高效的清算服务赢得市场长久信赖和广泛认可，让参与者放心、舒心、点赞。

在网络互联、利益互连的发展格局下，大机构要乐于分享、勇于改革，小机构要虚心学习、加快成长。各清算设施运营者既要在发展经验、风险管理、应急响应等方面相互沟通、比较借鉴、通力协作，又要突出基于业务定位的特色服务，实施差异化竞争，夯实客户基础，提高发展能力。中国银联要加快体制机制改革，完善现代企业制度，释放体制机制活力，提高市场拓展的敏锐性和行动力。网联公司虽然成立时间不长，但要以更高的标准、更优质的服务提高竞争能力、赢得客户尊重。2018年"双十一"期间，支付清算行业众志成城，成功保障网联平台顺利通过支付洪流考验，网联公司要深入总结成功经验，一以贯之地继续做好运营管理和系统保障；要经常深入市场了解客户需求，改进不足，多向国内外其他清算机构学习，博采众长。城商行资金清算中心、农信银资金清算中心长期以来在畅通城乡中小机构汇路方面发挥积极作用，下一步要继续深化改革，适应新时代中小银行机构快速发展的清算服务需求。CIPS 运营机构要对标发达经济体，制定中长期发展规划，加快国际化发展步伐，推动批发支付跨境服务长足发展，助力"一带一路"倡议实施。在批发支付生态系统中，各运营者和参与者要全面加强各个连接点的安全管理，未雨绸缪防范系统性风险。

（三）正确处理严监管常态化与可持续发展之间的辩证关系

严监管常态化是市场个体和产业整体可持续发展的保障，对单个市场主体来说，可持续发展客观上需要严格监管；对整个产业而言，可持续发展需要严监管维护好产业发展态势，保障"安全与效率"政策目标顺利实现。从供给侧看，严格监管要继续落实全国金融工作会议精神和十九大报告精神，深入推进防范和化解金融风险攻坚战，防止死灰复燃，督促各支付服务提供者回归本源、坚守主业、合规经营，提高支付服务质量。有些机构擅自从事清算业务，自身实力、风险管理水平不足，潜在的系统性风险巨大。深化供给侧结构性改革首要任务是回归本源，在此基础上要把可持续发展奉为圭臬，以规范发展和质量建设为抓手，秉持企业家精神和工匠精神，心无旁骛、久久为攻，抓住主业钉钉子，力争做出更多的一流产品、一流服务、一流品牌。

要继续畅通市场退出通道，严格支付机构分类评级、支付业务许可证续展，对于主动转型意识不强、没有实质性业务开展、相关指标不达标的机构，要坚决予以退出。要着眼系统性风险防范，补足监管的法制建设短板。对老问题要把握住当前最佳窗口期，主动汇集各方力量予以攻关。对新情况要及时跟进，透过现象看本质，把握方向，认清规律。要遵循创新监管理念，适应金融科技应用更新迭代的形势，加快监管科技应用，大力提升监管手段，形成严格监管的有力抓手。从需求侧看，严格监管要不断加强支付服务消费者教育，将其作为一项基础工作常抓不懈，不断提高广大需求主体的风险意识和防欺诈技能。

（四）正确处理城乡支付服务之间的协调发展关系

在乡村振兴和精准扶贫中，支付产业的成绩来之不易，作用功不可没。虽然农村支付服务已经今非昔比，但城乡差异仍将长期存在，部分边远落后地区的支付服务仍需要不断提高。党中央、国务院十分重视农村支付环境建设工作，普惠金融发展规划、打赢脱贫攻坚战三年行动的指导意见、乡村振兴战略规划等多个文件相继对农村支付环境建设提出明确工作要求，人民银行要高度重视，明确责任，严格考核，狠抓落实，推动农村支付环境建设升级换挡，增强农村支付服务发展可持续性，努力解决农村地区支付服务不均衡不充分的问题，更好地服务农村经济社会发展。要深入调研，因地制宜找准建设工作新着力点。支付司要制定专门的指导意见，结合未来产业兴旺的乡村振兴要求，下足支付服务工夫；聚焦深度贫困地区、特殊贫困群体和未来三年3000万左右的农村贫困个体脱贫工作目标，有针对性地采取支付服务方面的解决方案。要分类施策，找准农村支付服务环境建设工作新切入点。经过多年建设，农村支付环境大为改观，但全国各地参差不齐，需要划分类别，找出差异，分类施策，精准发力。要统筹协调，发挥好"央行组织、政府推动、市场主导和社会参与"的良好工作机制，形成建设工作新合力，怀着热情、带着感情，从任务最艰巨的环节入手，对标基本需求，解决实际问题，助推打赢扶贫攻坚战，加快城乡一体化设计、融合发展。鼓励经营管理规范的银行机构和大型支付机构，运用先进的金融科技，开拓农村支付服务市场，降低服务成本，促进农村支付服务可持续发展。

（作者系中国人民银行副行长）

从支付看消费：人民群众对美好消费的需求如何催生高质量供给

温信祥

高质量发展最终是为了满足人民群众对美好生活的追求，美好消费是人民美好生活的重要体现。当前对消费问题讨论较多，完善消费品供给结构、改善消费环境、提升消费信心是今后一段时期经济工作的重点。

一、当前消费总体形势

从消费总量看，2018 年社会消费品零售总额比上年增长 9.0%，扣除价格因素实际增长 6.9%，高于国内生产总值增速，与国民收入增速基本持平，居民消费仍然是收入的稳定函数。最终消费对经济增长的贡献率为 76.2%，比 2017 年提高 18.6 个百分点，比资本形成总额高出 43.8 个百分点，在消费、投资、进出口"三驾马车"中，促进消费、拉动内需成为当前经济增长的重要抓手。虽然有观点认为，这可能部分是因为另外两驾马车失速的衬托，但消费终究是当前经济增长的主要驱动力，而且与民众生活息息相关，要发挥好消费对经济发展和产业转型的关键作用。

从消费结构看，随着居民收入增长，用于食品烟酒的消费支出比重持续下降，2018 年全国居民恩格尔系数为 28.4%，较 2017 年降低 0.9 个百分点，我国恩格尔系数连续两年低于 30%。2018 年人均医疗保健消费和人均居住消费增长最快，增速分

别为 16.1% 和 13.1%，旅游、教育、文娱等消费已经在百姓生活中习以为常，消费升级趋势实实在在。与此同时，消费的风吹草动也引发社会担忧。2018 年汽车消费负增长 2.4%，社会消费品零售总额增速比 2017 年回落 1.2 个百分点。城镇消费品零售额和农村消费品零售额增速分别比 2017 年下降 1.2 个和 1.7 个百分点。消费萎缩、消费降级、过度消费等词汇时常进入大众视野，牵动人心。

从消费渠道看，2018 年，实物商品网上零售额比上年增长 25.4%，占社会消费品零售总额的比重为 18.4%，较 2017 年增加 3.4 个百分点，通过电商平台渠道的消费比重日益提升。支付产业的迅速发展，尤其是电子支付、移动支付等在居民日常生活中的迅速推广，为电商平台消费规模增长助力。此外，电费、水费等日常消费的支付，从过去要花半天时间跑几个地方缩短为花五分钟足不出户就可完成，支付服务的改善为各类消费服务业态提升创造了条件。

二、从支付看消费

消费过程必然包括支付行为。支付工具从现钞向电子支付的变迁，适应了国家生产力进步、人民收入水平提升后，人民群众多时空、多样化的各类消费需求。伴随着大数据、用户画像等技术在主要电商平台、网络平台的普遍应用，用户对各类消费品的支付可以被系统性地直接观察记录。这使得过去往往只能通过社会调查统计获取社会商品零售总额形式进行反映的消费行为，可以通过新颖的支付渠道进行反映。随着电子支付的日益深入普及，从理论上讲，有朝一日汇总所有以电子支付形式进行消费的记录，将可能全面体现整体消费行为特征。

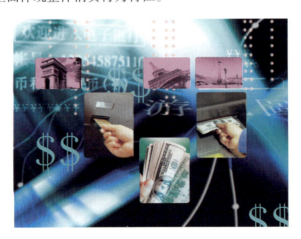

近年来，我们与国内卡组织和部分支付及电商平台联合开展研究，从支付和电商消费视角形成几个关于当前消费形势的初步判断，并尝试回答两个问题：一是高需求为什么没有催生高质量供给；二是电商平台是否提高消费理性。

从电商平台支付数据看，居民消费体现分化特征，喜中有忧。

（一）消费结构转换升级趋势延续，更趋合理

一是消费产品向更高层次迁移。从某电商平台 2018 年 2 月至 2019 年 2 月的消费额增长数据发现，中高档箱包、化妆品的增长率均快于低档商品，其中箱包更多体现为"高档化"，而化妆品更多体现为"中档化"。数据显示，2014 年 4 月至 2017 年下半年，享受型消费增速持续高于生存型消费，居民消费仍在升级趋势中。二是消费新生代加入提升消费活力。从有关电商平台联合调研数据看，2015 年至 2017 年三年间，"70 后"始终是消费核心力量，但"90 后"消费贡献度快速提升，消费金额增长迅猛，2017 年"90 后"消费增长高达 73%，远高于"80 后"的 50% 和"70 后"的 37%。三是区域消费结构得到优化，长尾客户消费成为蓝海。服务基层消费者的电商平台增长迅猛，中国低线城市及农村地区居民在有关电商平台上的年人均消费额增速达到 48%。平台上传统消费和欠发达地区消费潜能获得释放，截至 2018 年 9 月底，海南、西藏、云南人均年消费额增速分别达到 74%、73% 和 68%，遥遥领先于全国平均水平。有关电商平台数据显示，2019 年以来三四线城市消费增速高于一二线城市。四是消费者消费观念更趋理性。从部分电商平台数据看，消费者的消费理念，从单纯对名牌、偶像的感性追捧，转换为追求商品本身质量的理性购买，性价比高、品牌溢价不显著的商品销售量快速增长。

（二）消费结构转换趋势出现放缓迹象

一是消费亮点不足。据部分电商平台数据分析，2017 年下半年至 2018 年 11 月，享受型消费增长出现明显放缓趋势，消费出现分级苗头。二是个别创新类消费模式受到挫折。从支付平台数据看，2018 年网约车、共享单车的支付金额和笔数同比 2017 年都有所下滑，"共享经济"遭遇寒冬。三是国产消费品质量有待提升。从数据看，截至 2018 年 11 月，当年内卡外用金额达到 4678 亿元，其中日用百货类消费需求占比达 38%，海外高质量产品对国内居民仍然极具吸引力，我国从消费领域的制造大国向制造强国转变任重道远。

（三）信用消费风险需要警惕

消费信贷是助推消费的重要动力，消费信贷不良率也是反映消费健康程度的重要

指标。当前，总体上我国消费信贷违约风险可控，但短期阶段性风险应予关注。对此，应吸取国外卡债危机的经验教训，警惕风险苗头，在风险可控和商业可持续条件下发展消费信贷，鼓励合理消费，避免过度消费。

三、完善正向激励价格机制　夯实高质量消费信任基础

高质量发展体现为高质量消费，高质量消费依赖高质量供给。从当前消费的特点看，对高质量消费的追求已成趋势。高质量供给也取得令人瞩目的成就，手机、电视机等行业制造能力达到世界水平。日用品消费受产品质量和性价比的影响明显增大，要通过改善供给质量来激活消费需求。然而，与我国居民庞大的消费需求相比较，还不能说已经催生出与自身经济体量相称的名牌产品。高质量产品供给为何困难？推动消费领域的供给侧改革，要从改革市场的价格发现机制说起。

（一）产品价格和质量的正循环，是实现高质量消费的基本机制

在经典微观经济学供求分析框架下，完全竞争市场中消费者和生产者一样对商品具有完全信息，商品供求数量决定价格，商品质量未纳入考量因素。但由于有限理性和信息不对称的广泛存在，实际上消费者并不具有对商品的完全信息，生产者具有超过消费者的市场力量。此时生产者可能会利用信息优势不提供高质量产品，也可能采取各种手段减少、混淆消费者信息使得同一产品不同定价，甚至可能有意识提高消费者的信息搜寻成本，通过同一价格下提供劣质产品从而变相降低生产成本，以更多获取消费者剩余。

由于生产者和消费者之间对产品质量存在信息不对称，同一价格发现机制下，产品价格和质量可能形成正、负两类循环。当进入正循环时，价格体现质量，能够减轻生产者与消费者之间的信息不对称。价高者质优、"一分价钱一分货"的朴素观念反映了其中的价值规律，消费者和生产者的着眼点都集中在产品质量上。一方面，消费者只需通过价格信号就可对产品质量作出准确判断，高质量对应高价格。另一方面，生产者受到正向激励，就有充分动力改进产品品质，满足消费者最细微的需求，打造自身品牌以获得品牌溢价。全社会产品品质在价格与质量的正循环中获得提升，消费者能够在相同消费水平下购买更高质量的产品，从而实现消费升级。

当出现负循环时，价格信号机制失灵，生产者或销售者利用信息不对称的优势以次充好。一方面，消费者无法通过价格信号对产品质量作出判断，因担心商家"挂羊头卖狗肉"，即使付出高价也可能买到低质产品，就会从追求高质量产品转换为追求低价产品，好产品反而乏人问津，从而被迫减少。另一方面，生产者受到市场负向激励。对优质品生产者而言，其产品质量提高了市场产品平均质量，此时优质品厂商对全体厂商产生了正的外部性。但由于消费者信息有限，这一外部性无法获得充分回报，因此优质厂商就会产生销售劣质品的动机。对劣质品生产者而言，改进产品品质动力

不足，其理性选择是以低成本生产劣质品。长此以往，全社会产品品质得不到提升，劣质产品驱逐优质产品。

越是难以标准化的产品，信息越不对称，价格信号机制就越难以发挥作用，越容易陷入负循环。在衣食住行四大领域里，服装消费品牌差异大，食品消费口味差异大，严重损害消费者利益的市场现象没有消失。消费者为了提高消费质量，要么提高自身消费信息搜寻成本，要么被迫在房屋装修、医疗保健等非标准化消费领域成为"自学专家"。这不仅降低了消费福利，而且由于专业的人没有做专业的事，也降低了全社会生产效率。

（二）电商平台信号机制有利于提升产品质量

当价格信号机制失灵时，人们会引入新的信号机制以促进价格正循环，其中比较常见的是建立重复博弈机制和降低搜寻成本。

比如，电商平台就创新了信号机制，催生出大众点评、携程等消费者点评打分的网站，消费者依据其评价进行选择。一是通过电商平台的点评功能，实现单一商品多次购买的重复博弈。消费者首次购买商品时与商家进行单次博弈，由于商家对消费者具有信息优势，消费者可能支付同样价格而购买到劣质商品。但电商平台的点评功能使得消费者在首次购买商品时可以参照其他消费者的评价，实现多个消费者对单一商家的重复博弈。这使得消费者获得关于产品质量相对真实准确的信号，消费者在同样价格下会购买好评度更高的产品。由于"一个差评能够抵消一百条好评"，商家为了维持产品好评率有动机提供更优质产品。

二是通过电商平台的比价功能，降低消费者价格信息搜寻成本。传统商业模式下，由于消费者搜寻产品价格要花费代价，消费者搜寻产品信息的边际成本不应高于获得福利改进的边际收益。因此，消费者处理信息的努力程度是有限的，消费者往往只能了解同一商品的一种或几种价格，商家可能利用这一信息优势提价。部分电商平台通过提供比价功能，将同类产品的构造部件及对应功能加以分解，消费者能够直观感受到自己付出每一分钱换来怎样的品质提升，同一商品的不同价格一目了然，消费者比较容易获得商品比较全面的价格信息。这使得消费者价格信息搜寻成本降低，消费者福利获得增进。

正因为如此，手机、家用电器等标准化程度高的产品，信息透明度高，消费者更容易进行比较。我国厂商在这类产品上创新意识强，肯下力气投入研发，很快就从"山寨""贴牌"脱胎换骨，实现超越。另外，网约车平台通过对平台内车辆和驾驶员的合规化管理，扩大了租车服务供给，提升了租车服务标准化程度，使得消费者拥有比传统租车服务更灵活的选择。

同时要看到，电商平台信号机制也有缺陷。一是电商平台本身的公信力难以保证，比如某旅行平台利用大数据"杀熟"、某电商平台"买好评"成为生意、某网约车平台监管漏洞频出等都是辜负信任、扭曲信号机制的典型。二是有额外成本，作用场景受限。包括电商平台运维、退换货等在内的成本，最终仍由消费者埋单，且在教育、医疗等很多个性化场景中难以发挥作用。三是消费者评价准确度有限。消费者群体往往只能对共性的产品性能进行评价，重复博弈的有效性依赖于群体理性。当单一消费者具有个性化需求时，往往难以获得对于产品独特性的评价。更重要的是，外部监督只能针对产品质量设置底线，生产高质量产品最终还是要依靠厂商的内在动力。

因此，要依靠价格机制，通过价格的收入效应和替代效应，焕发生产者质量意识，促使产品价格与质量重新进入正循环，重建消费者对产品的信任，以此促进产业结构升级。

（三）重建消费者对产品的信任，夯实高质量消费基础

消费者对产品的信任，将催生高质量产品。消费者可在自身力所能及的范围内放心选择高价格的产品；生产者则可将更多精力花费在提升产品质量上。消费结构是需求结构和产业结构的综合反映。我国已经成为制造大国，各领域技术水平都有了长足进步，但精益求精的工匠精神，更应成为我国迈向制造强国的灵魂。生产者有责任用自身对品质的不断追求，重新赢得消费者的信任。

重建信任的过程，是逐步降低信息不对称的过程，需要社会各方共同努力，也是一个全球性的共同命题。国务院对于消费品标准和质量提升有明确规划，以"3·15国际消费者权益保护日"为代表的消费者保护活动如火如荼，市场环境和基础设施的日益完善为信息透明提供了日益良好的条件，优质产品的生产者有更好的条件获得产品溢价。当信任重新建立、交易成本大大降低时，消费领域将有望迎来高质量发展。

四、几点思考

我国地域辽阔，人口众多，既有城市建设堪比欧美的北上广深，又有发展后进亟待振兴的广大乡村。以美好消费满足人民日益增长的美好生活需要，必须适应不平衡不充分发展的基本国情。拉动消费，既要看到大城市高净值人群由个性化消费向理性消费的回归，又要着眼于中小城市居民逐渐兴起的享受型消费需求，还要将网络和渠道下沉到刚刚丰衣足食、具有极大用户流量的偏远地区。坚持消费领域供给侧改革，就要动员产业链上下游联动形成合力，充分发掘不同收入层次居民的消费潜力，提供满足不同居民消费偏好的高质量产品，重建不同层次的消费信任。当前，尤其要在以下五个方面下功夫。

（一）发挥价格机制功能

价格机制具备激励功能，也具有信号作用。随着供给侧改革逐步深入，价格与质量机制进入正循环绝非朝夕之间。要坚持深化市场化改革，理顺价格关系，切实发挥

价格机制在市场经济资源配置中"牛鼻子"的作用，坚持问题导向，激发市场活力，真正使得生产者获得正向激励，将消费者信息不对称逐步降低。消费是个慢变量、长变量，不同于投资，讲究细水长流，一瞬间建立不了百年老店。要放弃毕其功于一役的想法，也要分清轻重缓急，脚踏实地，久久为功，促使正循环价格质量关系成为市场主流。

（二）重构社会信任机制

消费信任缺失是当前全社会信任缺失的一个缩影。美籍日裔学者弗朗西斯·福山指出，所谓信任是指"在正式的、诚实和合作行为的共同体内，基于共享规范的期望"。应鼓励恢复维系社会信任的传统风俗，消除那些遏制社会信任的因素，重构社会信任网络，健全失信惩戒机制，逐渐恢复消费者与生产者间的互信。

（三）稳定收入和消费预期

当前"一人生病，全家返贫"现象时有耳闻，电影《我不是药神》热映，凸显百姓遇到大病时的生存困境。国家卫生健康委员会数据表明，我国建档立卡贫困户中，因病致贫、因病返贫的比例均在 42% 以上。对此，中央已经明确，将更多救命救急的好药纳入医保。今后，除继续推行社会保障、商业保险等传统保障工具外，还应加大对极端风险的保障力度，不断丰富类似医疗托底、教育公平等措施。打消百姓对医疗黑洞的恐惧，将财务不确定性从无穷大降到自身收入可以覆盖的区间内，以稳定消费预期，增强消费者获得感、幸福感、安全感。

（四）优化电商平台行为

在鼓励发展电商、支付平台等互联网新业态的同时，也要正视它们可能带来的新风险。要坚决反垄断、鼓励竞争，反对以捆绑销售、价格歧视、交叉补贴等手段获取市场份额；要促进合规科技运用，严禁泄露消费者隐私数据，保障消费者知情权；要加强监管科技发展，监督电商平台信任机制正向运转。

（五）正向引导消费文化

要在全社会形成重视产品质量的风气，弘扬互信互利，倡导绿色消费理念，坚决反对奢靡之风。要注重对"90后""00后"等新兴消费群体的引导，发挥其对新事物接受度更高的特点，充分利用现代科技手段，结合新消费模式，促进消费需求与产品供给的直接对接，实现消费可持续、高质量发展。

（作者系中国人民银行支付结算司司长）

科技队伍助力支付清算行稳致远

贝劲松

1990 年 5 月 9 日，中国人民银行清算总中心（以下简称清算总中心）正式成立，主要任务是建设金融卫星通信专用网和全国电子联行系统。2000 年底，清算总中心开始建设中国现代化支付系统，2002 年 10 月 8 日，大额实时支付系统建成投产，后续又相继建成了小额批量支付系统、全国支票影像交换系统、境内外币支付系统、电子商业汇票系统、网上支付跨行清算系统。2013 年 10 月 8 日，第二代支付系统整体建成投产。2015 年 10 月 8 日，人民币跨境支付系统建成投产。在我国支付系统建设过程中，科技人才队伍发挥了极其重要的作用。

一、在实践中培育支付清算科技人才

清算总中心成立之初，条件比较艰苦，环境相对简陋，技术人员稀缺，技术力量薄弱。1990 年，金融卫星网需在北京沙河建设卫星主站，在全国各地建设卫星小站。沙河主站的主要设备或租或借或受赠，故障率高，没有维护单位，全凭员工个人学习摸索。当时主站周围都是农田，交通很不便利，需步行 3 公里才能搭乘公交车到城里。由于时间紧、任务重，大家只能在沙河单位食堂用餐，睡在集体宿舍。建设卫星小站的任务更加艰巨，建站技术人员要转战全国各地，不分春夏寒暑，拿着罗盘、带着频谱仪，到达目的地后马上架天线、找卫星、调试室内单元，效率最高时一天可建一个卫星小站。据当时的技术人员回忆，1993 年在拉萨和日喀则地区建站时，从拉萨需开车 6 小时才能到达建站地点，全程都是土路，建站技术人员需往山上扛设备、组装天线。天线 3 米高，有 300 多个固定螺丝，在高海拔地区作业，困难和危险可想而知。建完小站返回拉萨后，因指标改变，技术人员又连夜返回日喀则重新调整参数。

电子联行系统采用 IBM 主机，当时熟悉 IBM 主机系统的技术人员很少，操作系统、文件系统、开发环境以及开发语言等都需要从头学习。在这种情况下开发一个全国联网的软件系统，其难度和压力可想而知。但创业者们不畏艰难，集中封闭在回龙观，白天钻研，晚上加班，牺牲周末和节假日，边学习边应用边实践。1991 年 4 月 1 日，电子联行系统在哈尔滨等 7 个城市上线运行，同年 9 月推广到全国 21 个城市。1995 年开始电子联行"天地对接"工程。1997 年开始业务到县工程，实现了近 1400 个县支行的业务到县。1999 年实现了电子联行小站系统和中央银行会计核算系统的对接。到 2002 年，电子联行系统发展成为包括 2 个主站和 1924 个小站、连接 2 万多个通汇网点的大型联机交易系统，业务范围覆盖了全国 31 个省（自治区、直辖市）的县级以上城市，业务量从最初每天 700 多笔，发展到每天几十万笔。电子联行系统建成后，大大提高了联行业务处理效率，大大减少了商业银行的资金在途，为人民银行履行中央银行职能、加速社会资金周转、促进国家经济发展发挥了举足轻重的作用。

电子联行系统的建设，也培养了一批软件开发人才，积累了丰富的软件开发经验，为之后支付系统的开发建设建立了良好的人才储备和技术储备。

在建设金融卫星专用网和电子联行系统的过程中，一批技术带头人脱颖而出。李德功是电子联行系统建设的技术带头人，主持设计了电子联行的应用系统架构，负责主机开发环境的配置调试。他设计出双机热备方案，提高了系统的可靠性。他提出通过增加通信控制器的配置来增强主机通信能力，这一技术为国内首创，国际上也少有，满足了不断增长的业务需要，为国家创造了巨大的经济效益。1995 年，李德功被评为全国先进工作者。1989 年，徐惠彬作为专项招收的第一批大学生进入清算总中心。他全程参加了金融卫星通信网的系统设计、建设和运维工作，经历了 C 波段和 Ku 波段 VSAT 卫星通信系统建设和"八五"期间的续建和扩容，在平凡的岗位上作出了不平凡的业绩。

二、支付清算科技人才队伍初具规模

2000 年底，人民银行党委决定"调整定位、借鉴吸收、完善需求、以我为主，加快中国现代化支付系统建设"。建设大小额支付系统时，项目承接方是国内一家软件公司，清算总中心派技术人员全程参与，学习掌握支付系统的设计开发方法和经验。2002 年 10 月 8 日，大额支付系统成功建成上线，标志着中国现代化支付系统时代的来临。2005 年 11 月 28 日，小额支付系统建成投产。

为了进一步掌握核心技术，2006 年 3 月，经人民银行批准，清算总中心专门成立支付系统开发中心，开始自主研发支付系统。开发中心成立时仅有 30 多人，成立后即开始全国支票影像交换系统开发。这个系统于 2006 年 12 月 18 日投产上线，完全由清算总中心自主开发完成。之后，清算总中心又相继自主建成境内外币支付系统和电子商业汇票系统等。伴随着各类系统的开发建设，清算总中心也完成了从学习借鉴到自主研发、拥有核心技术和知识产权的完美蜕变，科技人才队伍也迅速发展壮大。

2010 年建成的网上支付跨行清算系统和 2013 年建成的第二代支付系统是支付系统建设史上的重要里程碑，证明了清算总中心完全有能力独立自主研发具有自主知识产权的大型金融信息系统。

在第二代支付系统建设中，新一代技术骨干发挥了重要作用。2010 年 2 月，第二代支付系统应用软件开发项目组成立，年轻的高级工程师贺铁林担任系统总体方案设计项目组组长、系统开发项目组项目经理。由于第二代支付系统重塑了系统架构，增加了很多新业务新功能，应用了许多新技术，建设难度大。面对挑战，贺铁林毫不退缩，充分发挥自己的技术优势，借鉴国内外同行的建设经验，不到一年就提前完成了系统总体方案设计且顺利通过专家论证。在应用软件开发中，贺铁林带领技术团队创新运用前沿计算机技术，先后解决了数据分散存放、灾难备份实施困难、业务高峰期网银业务超时等技术难题。鉴于其在支付系统开发建设中的突出贡献，贺铁林先后获得 2013 年中国人民银行"感动央行人物"、2014 年"全国金融五一劳动奖章"、2016 年全国优秀共产党员等荣誉，并成为人民银行系统十九大代表中唯一的科技人员。

依托强大的科技人才优势，清算总中心在开发标准规范和项目管理方面的建设也取得了巨大进步。2007 年、2010 年、2013 年分别通过了 CMMI ML3、CMMI ML4、CMMI ML5 级评估。2010 年通过了 ISO9001 质量体系认证。在此基础上，建立了一套完整的项目管理体系 OSSP，使项目管理工作有"法"可依、有"法"可查，实现了项目管理体系优化推动项目实施过程优化，项目实施过程优化推动产品质量提升。

三、科技人才将支撑支付清算事业的未来

随着云计算、大数据、人工智能和区块链等新兴技术在金融行业的深入应用，科技对于金融的引领作用不断强化。作为金融基础设施的支付系统，保持科技领先对于系统高效运行乃至金融稳定具有重要意义。清算总中心在未来发展中，将顺应金融科技大潮，继续强化科技队伍素质建设，为支付清算事业开拓创新保驾护航。

一是打造一支从技术应用向核心基础技术延伸的研究型人才队伍。支付系统建设未来发展潜力巨大，清算总中心需在自主研发具有知识产权的核心技术基础上，进一步向更基础、更深层的方向延伸。核心技术自主可控的道路依然艰巨而漫长，需要培养一批掌握核心技术的研究创新型人才。2018 年初，清算总中心与人民银行金融研

究所建立了博士后联合培养机制，随后启动了建立博士后科研工作站申报工作。2018年10月9日，人力资源和社会保障部全国博士后管理委员会正式批准清算总中心设立博士后科研工作站。未来几年，清算总中心将依托博士后工作站，在支付系统大数据平台建设及应用、支付系统创新及安全、集中式账户下的分布式设计和新一代支付交易系统等方面加强研究。

二是培养一支既懂技术又懂业务的复合型人才队伍。清算总中心从运行向运营转型，需要大量既懂技术又懂业务的复合型人才。目前，清算总中心正在研究应用云计算和分布式架构，建设支付系统大数据平台，为新一代支付系统建设预研，这些都需要高精尖复合型人才。2017年9月，清算总中心参与了人民银行发起设立的金融科技研究中心的联合建设，下一步还将成立专门的研究机构，以便更好地将业务、技术和市场融合，将系统建设和创新研究结合，将人才培养和项目研发结合，使人才培养有目标、可持续。

三是建设一支有全球视野且具备技术输出能力的国际化人才队伍。随着人民币国际化和"一带一路"建设的不断推进，跨境支付业务迅速增长，清算总中心正在通过对外引进和自主培养双管齐下的方式，加快培养一批国际化支付系统建设人才，确保我国支付系统始终走在行业前列。

（作者系中国人民银行清算总中心主任）

中央银行与金融科技

王忠民

翻开中国人民银行七十年的辉煌历史可以看到，自 1948 年 12 月 1 日至今，从人民币发行到数字货币研发，央行的每一步都是本着对人民负责、对历史负责的态度。例如，1950 年，为发行新中国统一的高质量的货币，央行启用了由几位一流艺术家组成的人民币设计小组，历时 28 年，设计了第二、第三、第四套人民币，我们有了艺术性与技术性高度统一的人民币。纸质人民币显示出的世界性、永久性、防伪性等特质，不正与央行目前对数字货币、对金融科技积极审慎的态度同出一辙吗？

央行与金融科技的关系从一开始就为社会所关注。换句话说，金融科技是否健康发展与央行政策、央行的支持鼓励息息相关。作为金融系统的一员，笔者试从平台、"加速器""桥梁"三方面探寻央行对于金融科技的作用。

一、搭建金融科技实施的基础平台

发展金融科技成为不少国家和地区的发展战略。2018 年 3 月 8 日，欧盟为促进该地区金融服务业数字化转型，推出一项 23 步的"金融技术行动计划"（2018 FinTech Action Plan），主要包括建立欧盟金融科技实验室、制定监管沙盒最佳实践图以及推动大规模众筹行业改革等。要把一个国家、一个区域的战略执行好，把这些顶层设计落地，变为金融基础设施具体的支付清算网络，使金融与科技融为一体，这些都离不开央行推动建设的基础平台。

网联是为实现网络支付资金清算的集中化、规范化、透明化而建立的全国统一的网络支付业务清算系统，是央行金融科技的一个重大布局。这是一家连接支付机

构和银行、集中处理涉及银行账户业务的非银行支付机构网络支付清算平台。截至2018 年 4 月 13 日，共有 462 家商业银行和 115 家支付机构接入。据中国人民银行数据，2018 年第一季度网联平台试运行正常，处理业务 57.75 亿笔，金额 2.02 万亿元；日均处理业务 6416.86 万笔，金额 224.68 亿元。根据网联平台公布的 2018 年"双十一"运行数据，在支付机构和商业银行合作开展的网络支付业务中，已有超过90% 的跨机构业务通过网联处理，"断直连"迁移工作稳步推进。平台性能和峰值交易承载能力得到了市场的检验和认可。当日处理跨机构交易 11.7 亿笔，相应跨机构交易处理峰值超过 9.2 万笔 / 秒。网联平台平稳保障"双十一"支付体系运行，意味着支付行业向着更加规范、稳健的方向发展，支付效率整体提升，行业生态更趋和谐。

中国人民银行于 2017 年 5 月 15 日成立金融科技委员会，也充分说明了央行在金融科技方面的前瞻探索与主动担当。该委员会工作职责有三条：一是将组织深入研究金融科技发展对货币政策、金融市场、金融稳定、支付清算等领域的影响，切实做好我国金融科技发展战略规划与政策指引。二是进一步加强国内外交流与合作，建立健全适合我国国情的金融科技创新管理机制，处理好安全与发展的关系，引导新技术在金融领域的正确使用。三是强化监管科技应用实践，积极利用大数据、人工智能、云计算等技术丰富金融监管手段，提升跨行业、跨市场交叉性金融风险的甄别、防范和化解能力。

无独有偶，为了使金融科技生态更加多样化，英格兰银行对金融科技和监管科技的支持正在彻底改变着金融服务行业。2018 年 3 月，英格兰银行成立了一个金融科技中心，鼓励利用金融科技特别是分布式账簿技术来简化清算流程，探索分布式账簿技术在中央银行核心业务中的使用，包括实时清算系统（RTGS）的运行。

二、力推金融科技研发落地的加速器

把金融科技上升到国家战略，不仅非常必要，而且还非常紧迫，这一点早已成为业界的共识。中国金融科技先发效应比较显著，但仅在局部形成全球领先优势，整体先发优势还没有形成，唯有乘势而上，否则会不进则退。同时，金融科技发展是中国经济高质量发展、新旧动能转换的关键。这个领域走出了无数独角兽企业。对金融科技的支持，在很大程度上也是对实体经济的支持，但这是一条艰辛复杂的路。央行采取的带头研发、跟踪前沿、汇聚业界力量、培育一流机构、控制风险等措施，都是在为金融科技加速。

随着数字货币的迅猛发展，人民银行一直在加快推进法定数字货币研发工作，跟踪研究金融科技创新进展。中国人民银行数字货币研究所 2017 年公开了 32 项数字货币专利后，目前已向国家知识产权局申请了 71 项相关专利，主要集中在数字货币钱包以及数字货币体系等领域。2018 年 6 月，其在深圳成立全资子公司——深圳金融科技有限公司。2018年9月4日，其与人民银行深圳中心支行共同推动"湾区贸易金融区块链平台"上线试运行。应当说，在法定数字货币和金融科技的研究与布局上，人民银行成为先行者。

与此同时，人民银行积极推动金融科技产业落地。2018年初，中国人民银行数字货币研究所与上海票据交易所共同推动"数字票据交易平台实验性生产系统"成功上线试运行，工商银行、中国银行等共同参与数字票据交易平台建设并顺利完成基于区块链技术的数字票据签发、承兑、贴现和转贴现业务。2018年8月，其又与南京市政府等几方共同推动南京金融科技研究创新中心揭牌成立。

区域之间的金融科技相互辐射赋能更加明显。香港金融管理局2018年推出了两项有象征意义的创新：一是2018年9月底贸易融资数字化平台——"贸易联动"（e Trade Connect）开始试运行，平台与欧洲 we.trade 有关验证工作在3个月内完成，与内地相关合作也会很快公布，为亚洲和欧洲的跨境贸易走廊数字化提供了条件。二是推出快速支付系统"转数快"（FPS），由21家银行及10家电子钱包运营商参与，这是一个全面连接银行实时支付平台的小额支付系统，可以为客户提供7×24小时免费跨行转账系统，只需手机号码、电子邮件或快速支付系统识别码便可进行收款。FPS 和 e Trade Connect 可以加快香港地区的电子支付发展步伐，推动香港金融科技进入新纪元。

三、架起金融科技通向彼此的桥梁

央行作为银行的银行，从风险管理的角度，要密切关注支付清算金融设施等的运行，国际监管组织都从自身风险管理角度对金融科技给予了高度关注，比如金融稳定理事会（FSB）着重关注金融科技发展对金融稳定的潜在影响。国际清算银行支付与市场基础设施委员会（CPMI）主要关注金融科技对传统支付方式和支付体系等金融基础设施的影响。针对金融科技带来的金融创新，各国中央银行在设计相关的框架、机制、监管措施等方面都面临着众多挑战，同时，金融科技给金融及全球经济也带来了新的机遇。

2018年国际货币基金组织和世界银行年会启动了金融科技巴黎倡议，名称为"成功抓住金融科技的机会"，它的出发点就是帮助成员国抓住迅猛发展的金融科技机会，同时防止潜在的风险。该倡议提出的"金融科技"，也成为2018年G20重点关注的课题，金融科技也是G20一个专门研究小组的研究内容。

在国际治理加速推进的同时，一些国家的中央银行也推动了金融科技双边合作。2016年，英国和中国搭建了"中英金融科技桥"（FinTech Bridge），鼓励双方在各自的市场上开展合作并促进创新。英国是全球领先的金融科技中心，汇聚了全球人才以及世界上最具创意的金融科技公司。英国金融行为监管局与中国人民银行签署的一项合作协议为此提供了支撑，该协议允许两国共享创新服务和市场发展方面的信息，探讨新兴发展趋势和监管议题。

金融科技创新自身具有较强的跨国界属性，随着双边合作协议数量的增多和内容的深化，中央银行之间的双边协议越来越深入。新加坡金融管理局（MAS）力度很大，目前正在争取成为东南亚乃至亚太地区的金融科技枢纽，主要表现在两个方面：一是多方合作。2016 年 12 月，MAS 宣布与英国金融行为监管局签订金融科技合作协议，2017 年 9 月宣布和马来西亚证券委员会签署共同扶持金融科技和金融服务创新的协议。MAS 还与英国财政部交换了对金融科技等领域的意见，与中国人民银行共同致力于发展金融科技和规范衍生商品活动。2018 年 11 月，MAS 与巴林中央银行签署谅解备忘录，与哈萨克斯坦首都阿斯塔纳金融服务监管局（AFSA）和阿斯塔纳国际金融中心局（AIFCA）达成三方合作协议。二是 MAS 连续三年均举办金融科技节，2018 年这一届吸引了来自 100 多个国家的 3 万多名参与者和 5000 多家公司。

香港金融管理局与内地央行以及商业银行合作频繁而深入。同时，香港作为国际金融中心也与各中央银行展开合作。比如，2018 年 9 月其宣布与巴西中央银行签署金融科技合作协议，双方将加强在金融科技上的合作，以鼓励和促进两地金融服务的创新，并支援创新金融业务进军对方市场，双方将互相转介创新业务、共享资讯和经验及合作开发创新项目。

中央银行在推动金融科技在各国和地区间相互合作方面发挥的作用越来越大，其成果也越来越广泛。

（作者系全国社保基金理事会原副理事长、中国证券投资基金业协会母基金专业委员会主席）

FinTech：国际趋势与中国战略

费方域

一、金融科技的全球趋势

在数字金融时代，随着大数据、云计算、区块链、物联网、人工智能等最新技术在金融领域的深度运用，金融科技在全球各国都得到高度重视并不断实现创新迭代，已经真正成为一种全球现象。综观国际国内金融科技的研究成果和实践创新，金融科技的发展呈现出六大发展趋势。

一是金融科技创新的颠覆性。在理解金融科技的颠覆性意义之前，非常有必要对金融科技的概念进行清晰认识。金融科技的概念本身包含了以下五个方面：其一是以人工智能、区块链、云计算、大数据（简称 ABCD）为代表的科技创新推动；其二是造成了金融服务的商业模式和业务流程的变化；其三是金融服务的组织形式和制度需要进行创新；其四是这种创新一定是具有颠覆性的；其五是以上四个方面要统一起来。只有同时具备以上五点才能算得上是真正的金融科技。达沃斯世界经济论坛曾组织150 人对金融科技课题进行了 4 年的研究，研究这一科技创新到底具有什么样的性质，对金融业到底产生了什么影响。研究结果表明，以生物科技为代表的几十个关键性的创新对金融服务业的影响是具有颠覆性的。以支付业务为例，金融科技围绕金融支付功能和服务产生了两个颠覆性创新集群：一个是以支付宝、微信支付等移动互联网支付为代表的无现金支付方式，完全替代了过去的实体卡支付方式。这一关键的颠覆性趋势表现为移动支付、流线型支付、综合计费和下一代安全。在现有支付体系上新的消费者功能正在构建，引致客户行为的明显转变。另一个是以区块链账本技术为依托的新兴支付通道，也就是以比特币为代表的数字货币支付方式。这一关键的颠覆性趋势表现在密码协议、P2P 传输、移动货币、加密货币，其最大潜力可能是从根本上简化价值转移，而不是价值储存。

二是金融市场供给主体越来越认同金融科技。在过去的思维逻辑中，大家常把传统金融机构与新兴金融业态对立起来：一个是颠覆者，另一个是被颠覆者，一个是革命者，另一个是被革命者。随着金融科技的不断创新发展，作为金融市场供给主体的传统金融机构与新兴金融业态开始互相拥抱、互相融合，特别是以银行为代表的传统金融机构越来越重视金融科技的发展和布局，更愿意与金融科技公司进行深度战略合作，互利共赢。其中，开放银行就是一个最佳的主流合作模式。全球很多国家和地区都陆续推动开放银行的发展。欧盟对开放银行进行了立法护航，包括了欧盟支付服务指令（PSD2）和通用数据保护条例（GDPR）。英国竞争与市场管理局（CMA）推进零售银行市场调查，共享开放银行数据，制定开放银行标准。美国不断加快开放银行发展，其中 JP Morgan、美洲银行、花旗银行都在与 FinTech 公司签订 API 共享协议。英国竞争与市场管理局已经发布指导原则，鼓励利用消费者授权的数据共享市场发展；2018 年英国财政部提出了关于非银和金融科技的监管建议。澳大利亚鼓励采用包括开放银行在内的多种数据共享办法，出台《消费者数据权利》，制定开放银行的监管框架，明确开放银行的范围、数据转让机制、隐私和安全保护措施并提出了具体实施计划。新加坡金融管理局与银行协会联合发布了非约束性 API 开放指南，为开发者提供监管沙盒，鼓励开放银行。我国香港制定了《香港银行业 API 开放框架》，主要内容包括：API 开放框架的范畴、开放 API 功能的时间表；架构、安全与数据标准；TSP 治理、行动计划；促进开放 API 生态系统的举措。日本计划到 2020 年打造包含 80 多家银行的开放银行系统。印度一方面通过 UPI（统一支付界面）为开放银行奠定了基础，另一方面推动银行积极探索与 FinTech 公司的 API 开放。新西兰的 FinTech 公司正在积极寻找发展开放银行的机会。加拿大正在建立开放银行政策实验室。

三是以数据为核心，重塑金融服务和基础设施。数字技术的广泛使用并由此带来

整个经济环境和经济活动的根本性变化，推动了数字经济的飞速发展。当日常经济活动、金融活动数字化后，通过数字化方式能够将所有信息进行存储、共享、分析、运用，从中挖掘重要的市场价值。数据也就成为一个非常重要的价值要素，从而对金融服务和金融基础设施进行重塑。在此需要注意的是，要重视和加强对数据的保护，一方面是对数据安全的保护，另一方面是对数据权利的保护（隐私保护）。

四是开启了以监管科技为手段的监管现代化改革。金融业的发展离不开金融业的监管。随着金融科技在金融业的广泛运用和创新，传统金融监管也受到巨大的影响且需要调整。2008 年国际金融危机后，美国进行了重大的监管体制改革，其中就提出金融监管体系的现代化。这主要基于三个方面：其一是在数字经济时代，监管体系要拥抱数字技术；其二是当前的监管体系不能适应现代金融业的创新发展需要，需要重新进行调整；其三是市场上出现了各类新的金融生态模式，比如网络借贷、互联网支付等。针对这类新金融业态需要新的监管手段和方式，英国及其他发达经济体在金融科技领域也有类似的创新监管举措和广泛实践。因此，金融机构需要利用金融科技实现创新发展，金融监管部门也同样需要利用金融科技来进行金融监管（监管科技），从而促进监管的现代化。

五是发达国家把金融科技上升到国家战略层面。当前，不少发达经济体已将金融科技从国家战略上进行推动，而非仅仅是从次生或二级层面上。这主要基于对金融科技的价值判断，即金融科技在推动金融业转型、促进普惠金融发展、助推经济持续增长、谋求社会民生福利等方面具有很大的市场价值和发展空间。由此可以看出发达经济体对金融科技发展的重视程度。它们都认为金融科技将影响整个金融业、经济增长以及社会民生等诸多方面，特别是在国际竞争中的地位和切身利益。美国奥巴马政府和特朗普政府均对金融科技战略进行了顶层设计，英国政府也进行了这方面的战略顶层设计。

六是各个国家和地区都将金融科技中心建设作为竞争战略。发达国家自将金融科技作为国家发展战略后，便开始着手制定具体的战略实施路径。其中，典型的策略就是通过建设国际性、区域性的金融科技中心来实现国家战略层面的发展。当前，全球金融科技中心联盟（GFHF）中就包括了 44 个金融科技中心。根据全球营商指数、全球创新指数和全球金融中心指数三个主要业务指标可以得出每个金融科技中心的综合得分，得分越低说明该金融科技中心越有利于金融科技的发展。从全球金融科技中心指数得分来看，伦敦和新加坡得分均为 11 分，并列第一，其余前十名依次为纽约（14分）、硅谷（18 分）、芝加哥（20 分）、香港（22 分）、苏黎世（41 分）、悉尼（45分）、法兰克福（46 分）、多伦多（50 分）。中国内地两个城市上海和深圳的得分分别为 119 分和 125 分。其中，上海的金融科技地位和它的金融中心和科技创新中心的地位不相称。需要着重强调的是，金融科技中心建设的核心问题在于生态理念和战略的运用，中心的本质是生态，生态的抓手在关键要素，要围绕金融科技产业进行整体推进，包括配套的资本（天使投资、风险投资、上市投资）、人才（人才吸引力、人才可持续性）、需求（消费者需求、企业需求、金融机构需求）、政策（监管制度、政府计划、税收政策）等方面。

二、中国的战略

针对上述情况，中国金融科技战略的发展需要从以下几个方面着手推动。

一是发展金融科技应该直接成为国家战略。从国际经验和实践总结来看，发达国家将发展金融科技作为国家战略提出并组织实施，而不是作为发展国际金融中心或科技中心的一个次中心、二级中心或组成部分来提出和实施。目前，中国 FinTech 发展仍停留在企业、地方与部门层面，尚未上升为国家战略。把金融科技上升到国家战略，不仅非常必要，而且还非常紧迫。这主要基于以下四点：第一，要抢占先发优势。最前沿的东西是买不来、学不来，更是等不来的，所以要强调先动优势。第二，中国具有这方面的成就和巨大潜力，要把这种潜力焕发出来。第三，它越来越成为各国的战略重心和博弈的焦点。第四，金融技术的经济特征容易形成赢家通吃格局，先发效应比较显著，中国已局部形成全球领先优势，但整体先发优势还没有形成，唯有趁势而上，否则会不进则退。作为国家战略，倾一国之力办这件事情是把金融科技做好的根本保证。

二是建设金融科技中心体系是发展策略。国家战略真正落地并且行之长远，需要以建设与全球性／区域性协同配套的金融科技中心体系为策略支撑。关于建设金融科技中心体系，需要采取以下三大策略：要建立多个金融科技中心，不要局限于某一个国家级或者区域性金融科技中心，美国是这样，英国是这样，其他多个国家都是这样；既要建设国际金融科技中心，又要建设区域金融科技中心，同时，区域化金融科技中心要为国际化金融科技中心服务，没有国际化的区域科技中心是走不远的，而没有区域性金融中心的深耕，国际金融中心也是缺乏根基的，二者是相辅相成、相互促进的关系。在具体推进方面，上海应当充分利用自身禀赋优势下决心建设国际最领先的金融科技中心。上海除了人才、需求、资金、政策等方面的优势外，还有独特的东西：它是亚洲最著名的全球性大城市；它是中国沿海对外开放和内陆广大腹地的连接枢纽；它是多个国家战略叠加汇聚的复合平台；它有最好的基础设施；它是产业集群、创新集群、城市集群的聚焦点；它是"一带一路"的桥头堡、长江流域和长三角的龙头和核心。此外，全国还有不少区域金融科技中心，如北京、深圳、杭州等都在快步前行。中国将会形成一个各具特色的中心体系，这也将是国家战略的真正落地。

三是中心要采取生态发展战略。金融科技本身是一个多层次的生态系统，本身就具有战略的高度，而不是一个附属的东西。从国际金融科技中心形成的关键驱动要素来看，英国发展金融科技的经验告诉我们，实施这一战略的最佳路径和手段就是推进金融科技中心建设，这里的实质就是采取生态发展战略。同时，英国的经验认为需要四个要素——人才、需求、政策、资金，这四个要素也是英国衡量金融科技中心的标准。因此，作为一个独立的国家战略，金融科技中心的建设需要以生态的理念进行落实，把涉及金融科技领域的内部或外部、直接或间接、主导或配套的各个参与主体均纳入中心的建设中，形成金融科技上下游连接、内外部互动的生态体系。

我国金融科技中心建设要实现高质量的发展，就需要把涉及金融科技领域的内部或外部、直接或间接、主导或配套的各个参与主体及要素均纳入中心的建设中，通过政产学研商形成金融科技上下游连接、内外部互动的生态体系，以重构整个金融业的商业价值链。具体来讲，作为金融科技的创新创业主体，鼓励大中型金融平台企业设立金融科技公司，扶持小微型金融平台通过兼并重组布局金融科技，从事金融科技相关业务创新，激发市场主体活力；相关政府部门出台对布局金融科技类平台的企业实行税收减免优惠政策，并设立金融科技产业基金带动社会资本，支持平台做大、做强、做优，形成金融科技品牌。高等院校、科研机构等积极输出金融科技相关孵化项目，助力金融科技项目落地和投产运用。通过以上政产学研商的资源集聚，形成有利于金融科技中心健康发展的生态体系。

四是开放银行是关键抓手。开放银行（Open Bank，银行开放式金融服务平台）是指银行以用户需求为导向，以场景服务为载体，以整合生态、搭建平台为目标，以 API/SDK（主要是 API）为手段，在一系列网络、信息、智能技术支撑下，通过内部整合和对外开放，使银行服务更聚焦、更敏捷、更智能、更开放。一般地，开放银行指的是内部银行数据和流程通过数字渠道对外部有关方开放。这里的有关方包括客户、可信任的合作伙伴和代表客户利益的第三方。具体的开放程度，依不同的地区和国家而异。开放银行具有以开放 API 为技术、以数据共享为核心、以平台合作为模式、以消费者信任为基础、以生态共生为本质的五大特征。开放银行的意义主要在于推动银行实施了开放平台转型，促进 FinTech 等第三方在生态中成长，有利于 Big Tech 更好地对外赋能、获取数据和扩大客户关系，积极为消费者赋权，推进监管现代化，推动金融科技、API 经济、数字经济等的发展。开放银行实质上是基于数据的金融经济体系现代化（智能化）改革。开放银行的宗旨是金融账户与交易信息开放共享，促进市场竞争，促进金融创新。

五是监管理念和体系的现代化。金融科技在金融业的深度运用颠覆了传统金融思维，改变了传统金融产品逻辑，打破了金融服务供给的时空限制，拓宽了金融业务边界。传统的金融监管理念、模式、手段均不能适应金融科技发展的需要，金融监管部门在规范、管理和监督金融机构、金融市场、保护金融消费者合法权益等过程中面临挑战，亟待借助现代科技成果优化金融监管模式，提升金融监管效率，降低机构合规成本，实现监管体系的现代化。近年来，党中央、国务院高度重视防范化解金融风险，党的十九大、中央经济工作会议、全国金融工作会议均对新时代金融监管工作提出了新的更高要求。在此背景下，金融监管部门应积极借助监管科技手段构建现代化金融监管体系，既要保障金融体系的稳定性，又要保障金融的竞争力，既要做好机构监管和行为监管的平衡，又要做好分业监管与混业经营的平衡，既要利用好合规科技，又要利用好监管科技，有效增强金融监管的现代性，及时有效识别和化解金融风险。

六是各部门复制推广开放 API 经验。在数字经济时代，整个实体产业领域的各个细分行业都需要持续不断地借助大数据、云计算、人工智能、区块链技术推动生产效率和生活便利，从而形成一个非常广阔的应用场景。在这个数字化过程中，生产、生活场景形成和聚集的大量行业数据和流程需要复制推广开放 API 经验。只有开放共享才能通过金融科技挖掘更大的市场价值，从而更好地服务实体经济，服务细分产业上下游的中小微企业，解决中小微企业融资难融资贵的市场痛点问题。

（作者系上海交通大学中国金融研究院副院长）

金融科技的发展趋势及展望

伍旭川

一、金融科技的发展趋势

（一）金融科技将继续沿着提升金融服务业效率的方向发展

大数据和云计算等人工智能技术的不断发展，推动了金融与科技的不断融合，使得金融科技这一新兴业态快速发展。金融科技的发展将真正意义上提升金融服务业的效率，主要体现在以下两个方面。

第一，通过机器学习的算法交易替代人工交易。事实上，20 世纪 IT 技术发展并应用于金融业时，金融业的效率并没有因此而得到提升。主要原因在于，IT 等信息技术尽管降低了金融的交易成本，但也提高了金融产品的管理成本。近年来金融科技的发展将从真正意义上提升金融服务业的效率，主要是因为人工智能可以降低金融产品的管理成本。比如，高盛的交易员曾一度多达 600 多名，金融科技的发展使得这些交易员被 200 多名计算机工程师开发的自动化交易程序所替代。在此次金融科技的发展浪潮下，大多数交易员的职能都可以被机器所替代，从而将大幅降低金融交易和金融产品管理的成本。因此，可以预见的是，金融领域标准化的人工交易将逐步被成本相对更低的机器交易所替代。

第二，大数据和云计算等人工智能技术将降低信息处理成本。金融业的很多业务和环节都涉及大量的信息处理工作，比如信贷审批、客户身份识别和反洗钱等，都需要处理大量的金融交易信息和用户的特征信息。大数据和云计算等人工智能技术，能够快速处理金融业所涉及的产品与客户的大量信息，金融业的信息处理成本将大幅降低。比如，人工智能在金融领域的具体应用表现在智能客服、图像识别和智能服务机器人等方面。智能客服可以替代人工业务咨询服务等，通过大数据和语音技术为客户提供精准的个性化服务；图像识别除了应用在金融业务的核心区域外，还可以应用在许多移动金融业务的身份识别中，提升交易的安全性；智能服务机器人可以直接与客户交流互动，当前一些商业银行已将其投入应用于网点的大堂服务，有利于提升服务的效率并降低业务成本。

（二）人工智能将推动工业制造业和第三产业的自动化水平

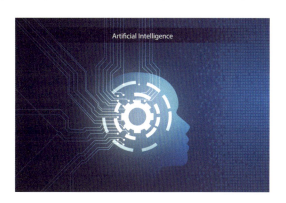

人工智能是金融科技领域的重要内容，除了将深入应用于金融领域外，还将在工业制造业和第三产业中发挥很大的作用。人工智能在20世纪就已经应用在工业和制造业领域的自动化生产上，21世纪的人工智能得益于深度学习和大数据等技术的发展，能够在更多产业领域得到应用，提高生产和服务的效率。比如，金融业已经开始应用人工智能来实现自动交易；物流业也在通过开发机器人来实现货物的分拣，未来甚至还有可能通过机器人来替代人工配送；在交通领域，自动驾驶技术不断升级，无人驾驶汽车已投入生产；甚至在酒店和餐饮等服务业，都可能大规模使用基于人工智能技术的机器人。总之，21世纪的人工智能将广泛应用于服务业，实现服务业的自动化。

人工智能的发展将重新定义劳动分工，劳动分工不再仅仅局限于人与人之间，还进一步拓宽到人与机器的分工。当前全球已逐步进入老龄化阶段，各产业的发展将面临由劳动力不足带来的成本上升，发展人工智能的动力将不断增强。《世界人口展望（2017年修订版）》的数据显示，2017年全球60岁以上人口约9.62亿，占全球人口的13%，并且每年以3%左右的速度增长。如果继续按照该速度增长，到2050年，60岁及以上人口数量将增加两倍多。人口老龄化将制约经济的长期增长。人工智能在促进经济的长期增长方面发挥着双重作用：第一，部分替代劳动力，弥补由老龄化问题带来的劳动力下降。第二，人工智能将成为新的生产要素，提升全要素生产率，驱动经济的长期增长。

推动机器人广泛应用于服务业，可以在很大程度上抵消掉老龄化造成的青壮年劳动力供给不足带来的经济社会问题，避免服务产业从业人员高龄化，同时还有利于降低成本、促进经济增长。麦肯锡全球研究院（MGI）的报告预测，中国51%的工作内容有自动化的潜力，通过AI领导的自动化可以使中国的GDP每年增加0.8~1.4个百分点。

根据国际数据公司（International Data Corporation）发布的《对话式人工智能白

皮书》，全球人工智能技术支出到 2020 年将达到 2758 亿元人民币，未来 5 年复合增长率将达到 50%；到 2020 年，中国人工智能技术支出将达到 325 亿元，占全球整体支出的 12%。从中国人工智能当前发展的行业分布来看，根据艾媒咨询（iiMedia Research）发布的《2017 年中国人工智能行业白皮书》，计算机视觉领域拥有最多的人工智能创业公司，占比为 17.7%；紧随其后的是服务机器人领域，占比为 15.0%；排名第三的是语音及自然语言处理领域，占比为 9.7%；智能医疗、无人驾驶、机器学习等领域也占有较大的市场份额。随着人工智能投资的不断增加，在促进人工智能这一新兴产业自身发展的同时，还将促进我国各产业生产率的不断提升。

（三）区块链的应用前景将更加广阔

CB Insights 发布的《2017 区块链投资趋势报告》显示，全球区块链的投资额度在 2015 年就已超过了 5 亿美元（见图 1），2017 年第三季度末达到 6.4 亿美元。随着区块链投资的不断增加，区块链在更多金融场景的应用将得到实现。

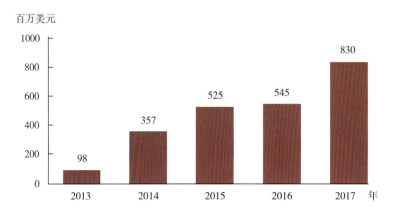

百万美元

图 1 全球区块链投资额发展趋势

区块链技术最早、最广泛、最成功的运用是以比特币为代表的数字货币。区块链的信息不可篡改和交易的可追溯性等特点，已逐步应用在数字票据和资产托管等领域。比如，上海票据交易所于 2018 年 1 月 25 日成功上线并试运行数字票据交易平台，邮储银行于 2016 年 10 月上线资产托管区块链平台，深圳金融科技研究院于 2018 年 9 月 4 日上线试运行联合中国银行等机构开发的粤港澳大湾区贸易金融区块链平台。

区块链未来将可能成为金融科技的重要基础设施，在越来越多的金融业务领域发挥底层技术的作用。比如，在供应链金融领域，区块链技术将有助于解决当前供应链贸易和融资中由信任和信息导致的风险问题。基于区块链的供应链金融平台解决方案包括：一是通过数据上链登记，实现各方信息一致，保证数据安全可信，建立对等协作基础；二是引入多种数据验证机制，保证数据真实性；三是实现信息安全共享，满足各方信息需求；四是通过智能合约交易，简化流程执行，公开透明化交易，推动业务创新探索。

区块链还将应用于证券领域的股票发行、分类和交易记录等。美国纳斯达克证券交易所在区块链领域已经进入实际测试阶段，区块链技术的应用有望将美国证券市场普遍的结算审核时间从小时级降低至分钟级甚至是秒级。随着区块链技术在证券交易应用方面技术和模式的不断成熟，未来其他国家的证券交易将可能积极投入区块链的应用。另外，区块链在跨境支付清算、资产证券化和保险等多个金融业务领域，能够帮助降低业务成本、提升信息的安全性和业务的真实性，应用前景较为广阔。

（四）大数据对金融风险的防控作用将更加凸显

大数据是金融监管部门构建大数据监管平台的基础，是帮助金融监管部门实现动态、实时、互动的方式，通过金融大数据能够对金融系统内的行为和其潜在风险进行系统性和前瞻性的监管。根据中国信息通信研究院发布的《大数据白皮书（2018年）》，测算出2017年我国大数据产业规模为4700亿元，同比增长30%（见图2）。其中，大数据软硬件产品的产值约为234亿元人民币，同比增长39%。

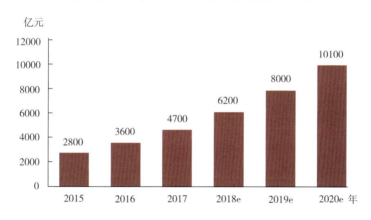

图2　中国大数据市场产值

大数据技术有助于提升金融数据的质量，为金融风险的防控提供精准和全面的数据基础。通过大数据技术和软件集成工具，金融机构可以快速生成业务报表和报告，并将会计和合规的软件接入监管报告系统以减少人工数据输入，降低金融机构向监管机构提供数据的成本，提高监管报告的准确性。同时，监管机构在审查和处理金融机构的数据时，通过大数据分析可以识别数据鸿沟、数据不一致等问题，提升数据的质量。

大数据技术将帮助监管机构及时生成监管报告，及时掌握金融市场运行的动态，增强事中监管的及时性和全局性。金融监管的人力成本越来越高，面对不断扩大的金融市场和更加复杂的金融产品，以及由此产生的海量金融数据，单纯靠人力进行监管难以满足监管的需要，大数据将在金融监管中发挥越来越重要的作用。在大数据的有效分析和呈现工具帮助下，监管者不仅可以迅速观察到已经和正在发生的事件，而且能预测即将发生的风险和这种风险发生的概率，有利于动态配置监管资源。

（五）监管科技将更加受到金融机构和监管部门的重视

金融科技的发展对金融监管提出了更高的要求，随着监管的工作量不断增加，以及金融机构满足监管合规要求的成本上升，监管科技将同时成为监管机构和金融机构的重要选择。当前，监管科技已在监管报告的自动生成、交易监控等方面有了一定的探索。未来，监管科技将在金融风险的防控和提升监管的智能化水平方面发挥重要的作用。CB Insights 发布的《2017 全球监管科技发展趋势报告》显示，全球监管科技的融资额度在 2015 年最高达到 12.94 亿美元（见图 3）。监管科技将随着融资的增加而不断发展，为金融科技和监管机构提供更好的服务。

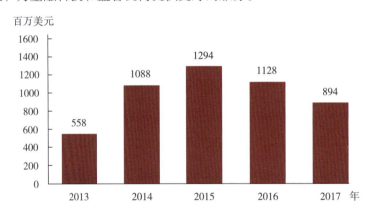

图 3　全球监管科技融资额发展趋势

金融机构将更多运用监管科技来降低自身的风险。这方面的风险主要包括由客户虚假信息、交易欺诈和未满足监管合规要求带来的风险。金融机构通过发展监管科技，将其用于客户身份认证、尽职调查、交易监控，降低业务风险和合规等方面的成本。当前，美国监管科技公司 Feedzai 已为金融科技提供监控风险和反欺诈的解决方案，通过交易监控来发现存在滥用的行为。近年来，我国 P2P 网贷等互联网金融平台风险较大，随着我国金融监管的加强，金融机构合规需求将不断增加。2017 年，中国银监会开出了 3452 张罚单，处罚机构 1877 家，涉及 1547 名责任人员，罚没金额近 30 亿元。我国监管科技发展的市场需求将随着监管的加强而不断增加。

同时，监管机构也将越来越重视监管科技在提升监管水平方面的作用。监管机构发展监管科技将对金融机构进行实时、动态的监管，推动监管模式由事后监管升级到事中监管，有效解决监管滞后问题。监管机构发展监管科技，将提升监管金融交易的承载能力，提高风险的识别和处置能力，将所有的金融风险事件尽可能地在交易当日内及时地进行处理，控制风险的跨时、跨机构和跨区域传染，提升监管的有效性。另外，监管机构可以将监管的规则嵌入金融机构的业务系统，通过监管科技提升监管的智能化水平。

二、金融科技发展的挑战

（一）短期的金融乱象

与金融科技的快速发展相伴随的金融创新，在一定程度上突破了现有的监管框架。在监管漏洞未能及时修复之前，难免存在监管套利，累积了潜在的系统性风险，影响金融系统的稳定性。

从微观层面来看，由于信息的不对称，投资者和金融消费者无法区分好的金融科技和差的金融科技，其利益难以得到有效保障。以 P2P 网贷行业为例，此前由于监管的滞后，整个行业的信息不对称问题极为严重，很多 P2P 网贷机构违规建立资金池，存在卷款跑路的风险。由于信息披露不足，投资者在事前并不知道哪些 P2P 网贷机构真正从事合规的业务，一旦将资金投入 e 租宝这样的平台，资金的安全性无法得到保障。另外，技术的不确定性带来的风险本应该由平台机构来承担，一些金融科技平台机构存在掩藏技术风险的道德风险，而将技术的风险转嫁给投资者和金融消费者。

从宏观层面来看，由于金融监管的滞后性，金融安全漏洞在修复以前总是会存在一定时期的金融乱象，各国的经验历来如此。比如，在第三方支付行业，第三方支付机构非法截留、挪用金融消费者的资金，容易产生流动性风险。因此，人民银行及时出台了《关于实施支付机构客户备付金集中存管有关事项的通知》，要求支付机构自 2017 年 4 月 17 日开始交存客户备付金，及时修复了第三方支付的安全漏洞。然而，在金融科技的其他领域，在其风险尚未充分暴露之前，未雨绸缪的金融监管是难以全面推行的，因为监管机构事前可能也很难知道哪些领域存在监管漏洞。最优的监管政策通常是准入式监管，以及在金融乱象发生以后及时地治理，尽可能地降低金融乱象给金融消费者带来的损失，防止风险扩散。

（二）中期的结构调整

金融科技的快速发展，将可能带来全行业的变革。无论是传统的工业和制造业，还是金融服务业等第三产业，金融科技都将发挥很大的作用，其结果可能是带来中期内较大的结构调整。第一，在传统的工业和制造业领域，人工智能可以进一步提升其自动化水平，一方面降低了对劳动力的需求，另一方面还能进一步提升生产效率。第二，在金融领域，许多标准化的工作内容正在被机器所替代，比如，在审计和风控等业务领域，人工智能可以快速处理大量业务，节省劳动力成本，提升业务效率。在第三产业的其他领域，很多常规工作也将可能被机器所替代。比如，在日本某酒店就已经开始使用机器人来替代人工服务，除酒店入住实现了智能化的程序（如客房的全智能门锁）外，还有各种类型的机器人为客人提供全自动行李搬运等各方面的服务。该酒店的机器人成本低于人力成本，其定价也低于同等酒店。美国某家快餐店也开始完全使用全自动化的机器人来提供餐饮服务。

随着金融科技的发展，第三产业应用人工智能的潜力将不断被挖掘出来。然而，中期的结构调整不可能是没有成本的。人工智能对劳动力的替代，一方面可以缓解由老龄化带来的劳动力供给冲击，另一方面也会带来结构性失业。同时，人工智能对现有工作岗位的替代，一方面会产生更多高技能的工作岗位需求，另一方面也会创造更多工作岗位来进行机器、系统和数据维护。最终结果是，结构的调整会带来工作岗位的大分流。

（三）长期的不平等

金融科技的发展在长期内可能会带来至少三个维度的不平等：一是个体之间的收入不平等；二是企业之间的发展不平等；三是国家之间的发展不平等。

随着人工智能的发展，人工智能作为新的生产要素投入生产时，会对个体的收入带来两方面的不平等：第一，对中低技术劳动者的需求可能会大幅降低，使得整个社会的工资收入份额下降，劳动收入与资本收入之间的差距会进一步拉大；第二，中低技能的劳动者与高技能的劳动者之间的收入差距也会增大。

金融科技的发展使得企业之间的发展不平等也会加剧。随着大数据技术的不断发展，大企业将更多地受益于大数据带来的好处。其原因在于，大企业相对于中小企业有更长的发展历史，有更丰富的数据，这些数据有助于投资者进行分析和预测，可以降低大企业融资成本的不确定性溢价。中小企业由于数据相对不完善，在融资时需要向投资者支付更高的不确定性溢价。因此，大企业的融资成本相对降低，主要得益于投资者的大数据分析，从而有助于帮助其实现规模扩张，进一步加大企业层面的不平等。换句话说，金融科技的发展将可能导致全行业的垄断程度加剧。

另外，国家之间的发展不平等也会随着其产业结构的调整而有所加剧。过度依赖劳动密集型经济增长模式的国家，如果大力发展人工智能，则会在中短期内带来大量的失业，承担较大的调整成本，在发展人工智能方面面临着更大的阻力；如果不积极发展人工智能，人工智能等金融科技的发展步伐将会滞后于其他国家，从而拉大与人工智能发展较快的国家之间的差距。

三、如何推动金融科技的进一步发展

（一）强化准入监管、完善监管制度

为了尽可能地避免金融科技无序发展带来的短期金融乱象，最大限度地保护金融消费者的利益，需要强化金融科技行业的准入，完善金融科技的监管制度框架体系。第一，要坚持金融从业持牌经营的原则，所有的金融科技机构，只要涉及金融业务，都需要获得相应的经营牌照，接受相应的金融监管，使得所有金融科技的金融活动在监管的规范下开展，避免监管真空和监管滞后带来的金融诈骗等。第二，可以探索将人工智能应用于金融监管，发展监管科技，提升金融监管的效果。另外，在特殊的金融业务领域，可以采用沙盒监管的模式，平衡金融创新和风险的防范。

（二）统一数据标准、完善基础设施

金融科技的发展积累了大量的金融数据，同时，这些大数据也是许多金融科技业务发展的基础，金融科技的进一步发展需要更丰富的金融大数据和更先进的大数据分析技术。数据标准化是支持人工智能开发的重要前提，除了技术本身外，标准化的大数据甚至将成为金融科技发展的重要基础设施。然而，当前的金融科技发展呈现出数据割裂、信息孤岛的态势，需要统一数据标准。因此，在不影响国家信息安全和用户隐私保护的前提下，一方面要推动数据标准的统一，提升数据的机器可读性；另一方面要推动数据共享，这包括推动金融机构脱敏数据的共享，以及政府公共数据与私人数据之间的共享，将大数据作为金融科技的基础设施来发展。特别是在金融科技领域，监管机构可以先制定金融科技行业的数据标准，同时发展人工智能监管，通过机器读取数据来提升监管水平。

（三）提升金融服务、推动普惠金融

金融科技的发展有利于提升整个金融市场发展的广度和深度，要积极引导金融科技在金融市场中的补短板作用，推动普惠金融的发展。信贷约束导致融资机会的不平等，进而带来发展的不平等和收入的不平等，人工智能的发展又将进一步通过信贷约束的机制放大整个社会的不平衡，普惠金融在缩小社会差距方面将发挥越来越重要的作用。第一，发挥数字普惠金融的优势，提升落后地区金融服务的可得性，降低机会的不平等。第二，积极引导众筹和 P2P 网贷等融资方式支持中小微企业的发展，提高中小微企业的融资能力，缩小发展的不平等。

（四）加大技术投入、推动结构调整

人工智能广泛应用于传统行业将是大趋势，有助于推动结构转型和升级，提高整

个社会的生产率水平，为经济的长期增长带来持续的动力。加大传统行业的人工智能等技术投入，主动适应人工智能变革带来的结构调整，一方面具有先发优势，另一方面能够避免未来被动调整带来的更大成本。随着我国人口老龄化程度的不断提升和人口红利的逐渐消失，我国劳动力成本也随之上升，持续多年的低成本劳动力优势逐渐被东南亚等国家所追赶。因此，加大人工智能技术的投入，有利于提升我国制造业等产业在国际上的竞争力。

（五）加强教育培训、强化人才培养

金融科技的发展最根本的是需要大量的人才来推动，无论是程序和应用的开发，还是将人工智能应用于传统产业的改造，都需要大量的专业人才。首先，从长远来看，可以探索将人工智能纳入基础教育，开发一些基础性的编程课程体系，这有助于提升未来整个社会的人工智能知识水平，能够更快适应人工智能带来的结构调整。其次，要引进和培养高水平的人工智能等领域的金融科技专家团队，构建高水平的人工智能等领域的金融科技实验室，开展项目研究，推动成果的应用。最后，要发展人工智能的职业教育，实现基础教育与职业教育之间的平衡，以应对结构性失业带来的问题。

（六）加强国际协调、推进共同治理

金融科技的发展也带来了全球性的风险隐患，需要国际监管的协调。比如，比特币等虚拟货币的洗钱风险和恐怖主义融资等犯罪活动影响国家的经济安全和金融稳定，这需要国际间的共同治理来应对。虚拟货币和数字货币的发展不仅影响一国货币的稳定性，还会冲击现有的国际货币体系，给国际货币交易和流动性带来不确定性。另外，国家之间监管的不一致，会导致金融科技资本流向监管宽松的国家，一旦发生风险也会传染到其他国家，不利于国家之间的公平竞争和系统性风险的防范。可以在《巴厘金融科技议程》的框架下，建立国际间的金融科技监管协调机制，构建有效的全球金融安全网。

（作者系中国人民银行互联网金融研究中心秘书长）

以包容开放的态度拥抱金融科技

李 倩

近段时间以来，国内外关于金融科技的讨论非常热烈，形成了一些基本共识，但也听到了一些噪音、杂音。比如，刻意割裂金融与科技的融合关系，忽视金融本质属性和技术发展规律，过度炒作尚在发展初期的新兴技术。在当前这样一个金融科技热潮中，金融从业者应该客观、冷静、多角度地观察和分析金融科技，进一步增强方位感和方向感，这样才能更好地促进金融科技规范有序发展。

第一，要以开放包容的态度拥抱金融科技。长期以来，金融业在科技创新应用方面既是积极推动者，也是直接受益者。中国银行业的改革发展就是典型案例。改革开放初期，银行业务还是不折不扣的手工操作。20 世纪 90 年代初，开始使用计算机，但无法联网。进入 21 世纪，随着全国数据集中工程的推进，最终实现了业务全国联网和自动化处理。随后，银行业积极发展自助银行、电子银行和手机银行等业务，逐步实现了银行服务的实时化、随身化和移动化。当前，包括银行在内的从业机构应该继续以开放包容的态度拥抱金融科技，积极探索和运用新技术，巩固传统优势，解决自身短板，培育发展新动能。

第二，要以服务实体经济为导向发展金融科技。众所周知，经济是金融的基础，金融是顺应经济需要而产生的，金融创新必须坚持服务实体经济的本质要求。但回顾历史我们发现，金融与实体经济关系失衡、金融创新脱实向虚等现象，不论在发达国家，还是在发展中国家，都屡见不鲜。导致这些现象的原因，既有规制不健全、竞争不充分、非市场行为干扰等体制机制因素，也有部分从业者自身对金融与实体经济的关系理解不深刻、不到位的内在因素。

金融科技从业机构要紧密围绕实体经济需求和传统金融服务短板，把握好金融科技创新的着力点，抓住经济社会需求点。

一是可以通过业务与场景的广泛结合、技术与流程的有机整合，着力推动传统金融服务向数字化、智能化转型升级，提高金融供给对实体经济需求变化的适应性和灵活性，助力供给侧结构性改革。

二是可以依托技术驱动的金融新业态、新工具、新手段，把金融资源合理高效地配置到经济社会发展的重点领域和关键环节，着力为"一带一路"建设、创新驱动发展等国家重大战略实施提供金融科技支持。

三是要注重发挥金融科技在解决普惠金融面临的成本高、效率低、商业不可持续等问题方面的技术优势，着力探索数字普惠金融新模式，提升小微企业、农民等经济主体对经济金融发展的参与程度，释放更多市场活力和经济潜力。

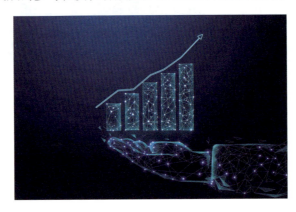

第三，要充分认识金融科技存在的风险。古往今来，技术往往都是"双刃剑"，用得好可以促进发展、造福社会，用得不好可能带来风险、危害安全。

在运用金融科技的过程中，要注重避免两个倾向。一是避免将金融科技泛化。技术不是万能的，不可能一劳永逸地解决所有问题。比方说普惠金融是一项涉及政策、机制多方面协调配合的复杂工程，在运用金融科技方面，不能盲目追新求变。二是要避免技术带来新的数字鸿沟。特别是，部分贫困地区人口对于物理网点的依赖度相对更高，一旦数字技术越来越多地替代物理网点，也可能引发技术性金融排斥。

在做好"两个避免"的同时，还应该做到"两个加强"。一个是加强数字金融能力教育。广泛利用传统媒体、数字媒体等渠道，注重在申请贷款、购买产品等可教育时刻，分别开展金融知识普及和数字技能培训，提高消费者数字金融能力和素养。另一个是加强基础设施建设。加大公共部门、社会资本等多元化投入，进一步完善支付清算、信息通信等基础设施体系，使数字金融服务能够安全、可信、低成本地扩展到更广泛区域和群体。

第四，要充分发挥金融科技创新的优势。现代金融业是数据密集型和科技驱动型行业。在金融科技领域，无论是传统金融机构，还是新兴互联网企业，谁忽视网络信息技术的创新应用，谁就有可能被信息化时代所淘汰。

很多大银行做了很认真的研究和准备，中小银行更加需要提高这方面的敏锐性和紧迫性。现在关于开放银行的讨论和实践正如火如荼。显然，谁能够更早、更好、更安全地运用网络信息技术，解决金融体系的短板和痛点，谁就能在竞争中取得主动，更多地赢得技术红利。

目前，非银行支付机构给居民提供了小额、快捷、体验良好的支付服务。传统金融机构则将大数据、云计算、移动互联网、人工智能等技术，探索应用于支付清算、投融资、财富管理、零售金融等领域，注重为客户提供一站式、精准化的综合金融服务。而一些传统金融机构和互联网企业之间在精准营销、客户导流、产品代销等方面的合作也越来越多，大家试图通过优势互补和协同效应，实现"1+1>2"的效果。

可以说，我国的金融科技创新正呈现出主体多元化、业态多样化、场景丰富化、服务精准化等特征。一些互联网企业依托网络导流和场景优势，不断提高金融服务的普惠性和便捷性。

金融科技还处于发展初期，还有很多基础性工作需要探索和推动。中国互联网金融协会作为国家行业自律组织，十分重视金融科技在提升金融服务水平、促进普惠金融发展等领域的作用，同时也高度关注金融科技应用可能带来的风险和监管挑战。为此，协会先后专门成立了区块链研究工作组、金融科技发展与研究工作组，旨在组织会员和各界力量，共同研究金融科技创新应用和安全治理，提出行之有效的政策建议和决策参考。下一步，协会愿继续与大家一道，共同推动金融科技健康发展，为服务实体经济、发展普惠金融贡献力量。

（作者系中国互联网金融协会公共事务部总监）

科技助力普惠金融

李礼辉

普惠金融的概念由联合国在 2005 年正式提出，其要点是以可负担的成本为弱势群体提供有效的金融服务。发展普惠金融，早已纳入我国国策。2013 年 11 月，党的十八届三中全会通过的《中共中央关于全面深化改革若干重大问题的决议》正式提出"发展普惠金融"。在 2017 年全国金融工作会议上，习近平总书记指出，要建设普惠金融体系，加强对小微企业、"三农"和偏远地区的金融服务。

实体经济需要更高效率、更加公平的金融服务。发展普惠金融，有利于增强经济成长的长远动力。多年来，我国在发展普惠金融方面投入了大量资源，取得了一些成绩，小微企业、农村农业农民和偏远地区的金融服务有所提升，但普惠金融的覆盖面仍然不够大，整体效果仍然不那么理想，特别是小微企业融资难的问题，仍然是社会的痛点。

小微企业融资难，看起来只是金融问题，其实涉及更多深层次的原因。这里，我想从小微企业和小微金融两个侧面做一些分析。

一、小微企业的难处

小微企业是民营经济的主体，民营经济是浙江省经济的主体，浙江的小微企业很有代表性。百度文库的共享文档《小微企业存活状况》，通过对浙江省 2008—2015 年统计基本单位名录库数据的对比，研究浙江小微企业的存活状况和发展趋势。一是小微企业增长快，全省小微企业 2015 年达到 117.2 万个，7 年增加 73.9 万个，增长 170.7%；二是小微企业生命周期短，2008 年在库的小微企业，到 2015 年仍然存活的占 60.7%，7 年累计淘汰率 39.3%，算术平均年淘汰率 5.61%，比大中型企业高 3.68 个百分点；三是小微企业成长难，7 年间只有 0.6 万个小微企业成长为大中型企业，占小微企业的 1.4%，其中制造业只占 0.8%。

上述数据取自经济强省，且涵盖经济上行周期。2015 年我国经济开始转型调整，小微企业深受影响。因此，小微企业淘汰率的全国平均值以及近几年的实际值应该更高。

淘汰率高，意味着信贷的违约概率高，金融机构对小微企业贷款的风险成本高。

为了覆盖风险成本，金融机构对小微企业的利率定价必然高于大中型企业，这就是融资贵，小微企业的财务负担普遍高于大中型企业。

小微企业生命周期短，内在的原因是先天性不足，主要是财力不足、人力不足，因而大多管理乏善，创新乏力，经不起市场的折腾。这是小微企业这样一个弱势群体的常态。

扩大就业需要小微企业，优化经济结构需要小微企业，满足市场需求需要小微企业，增加民众收入需要小微企业。小微企业是国民经济不可或缺的组成部分。因此，扶持小微企业，是全社会共同的责任。这就要求我们从外在的、制度性的层面分析原因，寻找为小微企业排忧解困的路径。

有两个问题值得关注：

一是传统信用模式的结构性缺陷。市场经济环境下的信用建立在契约原则基础上。信用形成的传统模式是，基于共同的规则，通过可信任的中央节点或者支付平台，验证信息，执行规则，积累信任。信用形成的传统模式有明显的局限性。由于信任需要积累，因而信用的建立需要较长的周期，信用形成的成本高；由于信用的形成必须经过可信任的中央节点，小范围的经济行为难以成为社会认可的信用记录，信用可及的范围小。而且，我国目前的信用数据不一致，征信系统不一致。涉及营利法人的信用数据，分散在金融监管部门、金融机构、工商行政管理部门、税务、海关等不同的征信系统中，标准不尽相同，口径不尽相同。大多数小微企业的商业行为记录湮没在市场的海洋里，没有信用标记，无法积累信用，不能产生信用的正价值。这几年，一些金融机构利用大数据技术发掘信用价值，拓展普惠金融服务，但覆盖面仍然不够大。

二是财政资源配置的结构性缺陷。按照我国的税赋制度，企业上缴的税费中有一部分属于间接税，但这些税费是由企业直接上缴的，此外还有各种行政收费。企业无论是否盈利，都必须缴纳间接税和行政收费。这几年，国家大力推进减税降费，努力降低企业负担。不过，由于大部分小微企业的利润率低于大中型企业，而且经济增长由超高速转变为中高速，小微企业的利润率普遍下降，因此，小微企业实际上缴税费与净利润的比例仍然是偏高的。这几年，各地政府相继推出中小企业信保基金、产业转型引导基金、创新创业贷款专项资金、农业信贷担保等举措，帮助小微企业解决融资问题，取得了一定成效。但是，相当一部分举措由于采用行政化的资源分配方式，无法形成可循环、可再生的现金流，往往难以持续。

二、小微金融的实践

金融业的特征，一是高度大众化。金融业是百姓钱包，涉及数以亿计的个人和企业，而且是用别人的钱做自己的生意，信用风险与生俱来。金融业出现的问题，很容易叠加、扩展成为系统性的金融风险。二是高度市场化。多数金融产品既是投资和交易工具，同时也是投机工具。金融交易规模大、频次高，很多时候价格波幅巨大，市场风险与生俱来。市场风险往往会转化为信用风险，可能冲击经济大局。

银行业金融机构的核心财务指标，包括资产负债比例、资本回报率、资产回报率、不良资产率、拨备覆盖率等，是经营管理绩效的综合反映，是考察金融机构健康状况的基本尺度。对于金融机构的一系列核心财务指标，金融监管部门十分关注，市场和投资者更加关注，不仅要做时间维度的纵向分析，还要做同业维度的横向比较；不仅会反映在股票市值或公司估值上，还会反映在管理层和员工的绩效评价和薪酬收入上。因此，银行业金融机构一般不做风险成本高于风险收益的业务，不做收入与成本倒挂的业务。小微金融业务分散，运营成本和风险成本相对较高，许多金融机构不愿做、不敢做、不会做。

我国城市商业银行和农村金融机构在全口径银行业市场中的资产占比为 25.6%，不算太低。但进一步分析，银行业金融机构区域布局失衡的趋势特别值得关注。中心城市的城市商业银行大多已经实现规模化、跨区域发展，有的已步入中型商业银行行列，但一些城市商业银行并不以小微金融为经营重点。越来越多的农村商业银行机构进城、业务进城，真正立足农村的银行机构较少。越是经济落后的地区，越是基层，银行业金融机构越少，投入的信贷资源越少，小微金融服务越是欠缺。非银行业金融机构、民间借贷借机生长，但业务不太规范，利率普遍偏高，在填补小微金融服务需求的同时增加了小微企业的负担。

如何破题？中银富登村镇银行、蚂蚁金服和微众银行的经验可以提供一些参考。

中银富登村镇银行由中国银行发起成立，经过 8 年的发展，已经成为中国最大的村镇银行集团，共有 228 家分支机构，并设立 327 个助农服务站，覆盖 19 个省份的县域农村，其中中西部地区占 77%。2017 年，有 10.89 万个贷款客户，贷款余额 231 亿元，户均贷款 21.2 万元，ROA 为 1.13%，ROE 为 10.43%。

这家村镇银行植根于基层，植根于小微企业，特色之一是科技立行，中后台集中统一，实现流程优化和标准化管理。集团管理总部负责信息科技系统建设，负责中后台服务和监控。法人机构和支行作为经营责任主体和业务终端，承担前台营销、客户服务职能。银行内部管理和客户服务流程简洁清晰，决策效率和服务效率比较高，运营成本和风险成本比较低，在为小微企业提供成本可负担的金融服务的同时，实现了过得去的经营效益。

阿里巴巴最早应用大数据技术挖掘小微企业的信用，发展小微金融业务，取得了突破性的成功。早在 2016 年，蚂蚁金服就为 500 多万家小微企业累计发放贷款 8000 多亿元。这些贷款流向实体经济的底层，包括电商卖家、线下商户和农业生产经营者。此后，越来越多的科技平台、金融机构推出了基于大数据技术的信用服务。

微众银行于 2014 年 12 月开业，是国内首家互联网银行。科技巨头腾讯持股 30%，IT 人员占比 52%。银行的战略定位是科技、普惠、连接，致力于应用最新科技，为大众消费者和小微企业提供高效率、低成本的金融服务。一是应用人工智能技术，用智能机器执行需要大量人手的工作和人工做不好的工作，推出远程身份认证、智能客服、智能催收等服务。二是应用区块链技术，构建开源生态圈，推出基于区块链的云服务、机构间对账平台、供应链金融。三是应用云计算技术，支持金融机构向金融云迁移，共享科技资源，节省科技成本，为客户提供无缝链接的高效服务。四是应用大数据技术，创新金融管理和服务模式，基于大数据的风险控制模式能够覆盖征信数据未能有效覆盖的长尾人群，基于大数据的精准营销能够准确判断客户需求，解构组合产品，为客户提供个性化、差异化服务。

金融科技产生了巨大的生产力，目前微众银行技术系统的消息峰值超过 24 万／秒，产品可用率大于 99.99%。金融科技创新创造了巨大的竞争力，微众银行成立 4 年来，账户数已经超过 1.2 亿个。金融科技创新也产生了巨大的价值，微众银行 2016 年首轮增资时，估值 320 亿元；2018 年 10 月部分股份转让时，估值高达 1200 亿元。

上述案例告诉我们，科技可以助力普惠金融的发展。这里与大家分享一些我的体会。

第一，把握四维尺度，实现金融科技创新的价值。

并非所有的金融科技创新都能够成功。金融科技创新的目标，不仅是新流程、新产品、新服务，更重要的是新客户、新市场、新价值。应该注意把握四维尺度。一是效率更高。能够提供比现有技术平台更快、更便捷的金融交易服务。二是成本更低。建设成本、运维成本低于同类技术平台，交易成本、服务成本、监管成本低于同类金融产品和服务。三是具有商业价值的经济规模。尽管中国具有超大市场的优势，但只有那些真正有特色、有实惠、有吸引力、有黏性的产品和服务，才有竞争力，才有可能达到具有商业价值的经济规模。四是具备社会认可的可靠性、安全性。新技术金融应用的可靠性、安全性，应该首先由研发机构和应用机构负责检测和验证，其次由社会认可的权威机构进行第三方检验，新的金融产品和服务还必须得到金融监管机构的确认。第三方权威机构不仅要验证可靠性、安全性和速度，还要监测可能存在的技术漏洞、技术陷阱。

第二，建设全新的信任机制，提升信用的价值。

信任机制应该实现 5 个可信的目标：数据可信，资产可信，合约可信，物品可信，人品可信。建设新的信任机制的基本路径应该是：数字信任＋传统信用，技术＋制度。

应该进一步明确法律规范，加强信息数据管理。一是明确公共信息数据的社会属性，保护公共信息数据的安全。二是限定信息数据的商业应用范围，防止个人和企业的私密信息被滥用。

应该更加重视掌握数字技术主导权。加快推进数字技术研发，加紧研发下一代计算架构，目标是在未来的数字社会中，确保数学算法的公正性和正确性，确保数据的隐私性和可靠性，确保数据的全流程全周期安全，同时，确保数学算法的速度和效率。

应该更加重视维护数字金融安全。加快制定数字金融监管制度，加快研发数字金融技术国家标准，加快建立专业化的数字金融技术应用审核和验证体系。

应该加快公共数据资源整合，实现公共数据统一和资源共享。在金融领域，建立标准统一的金融统计制度，建立集中统一的金融数据库，建立互联共享的金融数据应用系统，形成能够支持金融审慎监管的基础设施。在社会信用体系建设中，有必要整合银行及工商行政管理、税务、海关等部门的征信系统，共建全国统一、信息共享的小微企业征信系统，采取统一标准和口径，采集小微企业和个体经营者的金融业务、工商登记、税费缴纳、国际贸易、市场诚信等信息，进行数据挖掘，为小微企业和个体经营者积累信用记录，赋予信用标记，实现小微企业信用增值。

第三，完善小微金融政策，扶持小微金融发展。

一是实行按金融服务对象区分的差异化税赋政策，对银行业金融机构发放给小微企业的贷款，免除或大幅减少增值税和所得税，补偿金融机构承担的部分风险成本。

二是建立政策性担保、政策性保险与商业性保险、商业银行信贷相结合的小微企业融资模式，政府安排一定投入为小微企业提供一定限度的政策性担保和政策性保险，降低小微企业的融资成本和投保成本。商业银行贷款和商业性保险合理定价，以覆盖经财政性补偿后的平均风险成本，并以资金成本为基准，限制上浮的幅度。

三是完善农产品期货市场制度，研发新的涉农期货品种，延伸期货市场服务范围，支持涉农企业利用期货工具规避市场风险。

四是支持小微金融下基层、上台面。适度放宽小微金融准入门槛，允许民间资本投资建立小微金融机构，包括村镇银行、小额贷款公司、小额担保公司、典当行等，民营小微金融机构应享受同等税赋优惠，做到正常经营能有适当盈利，不至于亏损。在中小企业板和三板市场方面，允许业绩好、信誉好、有一定规模的小微金融机构上市、挂牌。通过上述政策措施，一方面帮助小微企业节约财务成本，增强持续发展能力；另一方面让小微金融机构担得起风险，可生存、可盈利、可发展。

（作者系中国银行原行长）

攻坚普惠金融"最后一公里"

潘光伟

一、普惠金融政策体系更趋完善

近年来，党中央、国务院高度重视普惠金融发展。习近平总书记在第五次全国金融工作会议上强调：建设普惠金融体系，加强对小微企业、"三农"和偏远地区的金融服务，推进金融精准扶贫。李克强总理多次主持召开国务院常务会议，研究部署进一步缓解小微企业融资难融资贵的各项政策举措，鼓励金融机构增加小微企业贷款。中国人民银行等监管部门积极推动引领，中国人民银行行长易纲在"第十届陆家嘴论坛（2018）"上提出，要按照"几家抬"思路，发挥各方合力，改善小微企业金融服务。中国银保监会主席郭树清带队，就加大民营企业和小微企业融资服务力度进行深入调研。之后，人民银行会同银保监会、财政部等五部门联合印发《关于进一步深化小微企业金融服务的意见》，引导金融机构加大对小微企业、"三农"、民营企业等领域的金融支持力度，切实降低企业成本。2018 年 7 月，国家融资担保基金正式成立。可以说，当前普惠金融发展的政策环境更为有利，各项制度也更趋完善。

二、注重实效，普惠金融发展稳步推进

银行业金融机构积极践行普惠金融的理念，高度重视普惠金融发展，基础金融服务覆盖面不断扩大，薄弱领域金融可得性持续提升，普惠金融服务的效率和质量明显提高，主要有六方面成效。

（一）各类银行业金融机构明确市场定位，推进战略转型

大型商业银行充分发挥"头雁效应"，深入推进普惠金融事业部建设，建立综合服务、统计核算、风险管理、资源配置、考核评价"五专"经营机制，提升普惠金融服务能力。如中国工商银行提出"未来三年普惠贷款年增幅 30% 以上，三年翻一番"的战略目标；中国建设银行表示，将举全行之力，全面推进普惠金融战略实施。目前，国有大型银行已在总行层面和全部 185 家一级分行设立普惠金融事业部。股份制银行结合自身业务特点，加快探索设立普惠金融事业部，设有 5000 余家扎根基层、服务小微的社区支行、小微支行。民生银行、兴业银行、浙商银行等 6 家银行已设立普惠

金融事业部，招商银行、中信银行 2 家银行设立了普惠金融服务中心。地方性银行业金融机构坚持服务地方经济和小微企业的发展方向，继续下沉经营管理和服务重心，重点向县域、乡镇及金融服务薄弱地区和群体延伸服务触角，扩大普惠金融服务覆盖面。

（二）信贷投放力度持续加大，普惠金融服务可得性持续提升

截至 2018 年 6 月末，全国小微企业贷款余额 32.35 万亿元，较年初增加 1.55 万亿元，较上年同期增加 13.06 %；贷款余额户数 1699.05 万户，较上年同期增加 281.82 万户。其中，单户授信总额 1000 万元以下（含）的小微企业贷款余额 8.46 万亿元，较上年同期增长 16.03%，较各项贷款同比增速高 3.92 个百分点；有贷款余额户数为 1481.99 万户，较上年同期增加 317.88 万户。全国涉农贷款余额达到 32.16 万亿元，同比增长 7.3%。其中，农林牧渔业和支农贷款余额 14.46 万亿元，同比增长 6.82%；农村地区贷款 26.07 万亿元，同比增长 6.9%；农户贷款余额 8.81 万亿元，同比增长 14.6%。

（三）聚焦薄弱领域，金融精准扶贫稳步推进

截至 2018 年 6 月末，发放扶贫小额信贷余额 2597.12 亿元，支持建档立卡户 638.73 万户，分别较年初增加 100.16 亿元和 31.29 万户，户均贷款 4.07 万元，占全国建档立卡贫困户的 27.59%。

（四）基础金融服务覆盖面不断扩大，便利性显著提高

截至 2017 年末，全国银行业金融机构营业网点总数 22.87 万个，其中社区网点 7890 个，小微网点 2550 个，ATM 96.06 万台，POS 机 3118.86 万台，金融机构网点、机具或流动服务覆盖 832 个国家级贫困县的 16.11 万个行政村，覆盖率达 95.65%。全国基础金融服务已覆盖 53.13 万个行政村，行政村基础金融服务覆盖率为 96.44%。

（五）创新金融产品和服务模式，金融服务质效明显提高

银行业金融机构在满足传统企业金融服务的基础上，运用金融科技手段，创新服务渠道，提升服务质效。如建设银行通过先期白名单主动授信，探索全流程线上融资模式"小微快贷"，2017 年新增客户超过 14 万个，当年放款 1466 亿元，不良率为 0.16%。浙江网商银行主要依靠互联网运营的模式，实现三分钟申贷、一秒钟放款、零人工介入的"310"贷款模式。微众银行的"微粒贷"通过大数据信用评级为客户提供贷款，实现授信审批仅需 2.4 秒，资金到账只用 40 秒，为客户提供了方便、快捷的体验感。

（六）降低普惠金融融资成本，提高服务实体经济水平

银行业金融机构合理确定普惠小微贷款价格，降低企业融资成本。近期大型银行响应监管部门号召，带头降低中小企业贷款利率，如邮储银行向中小企业提供的融资的成本较 2018 年初下降 53 BP（上半年为 6.09%，9 月为 5.56%）。同时缩短融资链条，

落实续贷政策，支持小微企业融资周转无缝衔接。持续减费让利，清理不必要的"通道"和"过桥"等中间业务环节，禁止收取小微企业贷款承诺费、资金管理费、财务顾问费、咨询费等，从源头上降低小微企业融资费用负担。2017 年，大中型商业银行共取消普惠金融客户收费项目 335 个，对 387 个项目实行收费减免，全年减费让利总金额约 367 亿元。

三、多方合力，共创普惠金融发展新局面

在充分肯定我国普惠金融成效的同时，我们也要清醒地看到，在经济下行压力增大、国际贸易摩擦加剧的背景下，普惠金融发展面临的挑战也不少，主要存在四个方面的问题：一是货币政策传导机制有待进一步疏通，银行业金融机构的风险偏好需要调整，尤其是 2018 年上半年在银行间市场流动性充裕、法定存贷款利率并未调整的情况下，有些地区和行业实体融资利率略有上行，民营和中小企业仍感到资金面紧张，融资渠道不畅。银行是经营风险的行业，要在风险可控或者承担适度风险的前提下，加大对民营和小微企业的支持力度。二是传统模式下为小微企业、"三农"、贫困人口提供金融服务成本高、风险大的问题并未发生明显变化，商业可持续性面临挑战，普惠金融服务内生动力不足。三是补齐普惠金融领域制度短板面临挑战，缺乏系统性、制度性安排，有些政策落实不到位、精准度不足。四是新型金融业态存在规范不足、业务异化、信息安全等问题，普惠金融领域创新面临金融乱象，背离了普惠金融初衷。

针对以上困难和问题，建议坚持问题导向，从以下六个方面来进一步思考和探讨银行业攻坚普惠金融服务"最后一公里"的问题。

（一）如何打造良好营商环境，解决小微和民营企业融资难的问题

解决融资难的问题，不能靠银行业金融机构单打独斗，按照"几家抬"的思路，要解决好以下几个问题：一是如何加强财政、工商、税务、监管等部门之间联动，做好政策传导，构建信息资源共享，合作共赢的普惠金融生态环境。二是鉴于小微企业公司治理和财务报表不规范，生命周期平均只有 3 年左右，缺乏有效担保抵押手段等情况，如何规范财务管理，完善信用信息建设，增强抗风险能力，解决小微和民营企

业与商业银行之间信息不对称的鸿沟。三是如何打造适应小微和民营企业融资需求的供应链金融，对供应链上下游企业进行批量授信、批量开发，提高信贷服务质效。四是如何发展天使投资、创业投资等风险投资，发挥 VC（风险投资）、PE（私募股权投资）等前期介入资金作用，加快建立多层次的资本市场和金融创新。这些问题需要我们进一步思考和探索。

（二）如何拓宽融资渠道，缓解小微和民营企业融资贵问题，实现商业可持续发展

融资贵主要是指小微业务融资成本居高不下，主要原因是市场问题，应该综合考虑使用市场化手段和政策化措施，发挥好市场和政府"两只手"的作用。目前，大中型银行所发放的小微企业贷款利率基本上浮不超过基准利率的 30%，而且还在进一步减费让利。但小微企业从商业银行之外的市场机构获得的贷款较贵，江浙一带民间融资利率普遍在一分以上，短期过桥融资利率甚至会超过三分。在这种情况下，一是银行业金融机构应思考如何在落实监管机构"两增两控"相关要求、坚持"量""价"统筹的同时，通过内部转移定价机制，合理确定普惠型小微贷款利率，进一步减费让利，控制贷款质量和综合成本，保障普惠金融服务的商业可持续性。二是应思考怎样更好地落实"无还本续贷"等政策要求，缓解小微企业续贷时的资金周转难题，降低企业通过市场机构获取短期周转资金的高额成本。三是应思考如何鼓励科创企业和初创期小微企业综合运用金融租赁、保理、票据市场、股权融资等金融工具，提升直接融资比重。这些都需要进一步探讨。

（三）如何进一步创新金融产品与业务模式，提高金融服务质量和效率

针对小微企业"短、小、频、急"的融资需求，一是思考如何根据企业不同发展阶段特点，提供各类综合性金融服务，真正把融资与融智相结合，变输血为造血。二是思考如何针对小微企业资产特点和融资需求，因地制宜，研发中长期融资产品。三是思考如何进一步优化资源配置结构，丰富抵（质）押品类型，缩短信贷流程，提升服务水平。这些也都需要进行深入的研究和思考。

（四）如何合理运用激励考核机制激发普惠金融服务的内生动力

普惠金融业务分散、额度小、成本利润率较低，一是思考如何按照监管要求，细化尽职免责办法，完善激励约束机制，更加科学合理地制定评价考核指标及绩效考核方案，进一步激发做好普惠金融服务的内生动力。二是思考如何合理制订独立的普惠金融信贷计划，切实把更多金融资源配置到实体经济发展的重点领域和薄弱环节，更好满足小微、"三农"的多样化金融服务需求。这些需要银行业金融机构进行深入研究，制定科学有效的机制和措施。

（五）如何利用金融科技支持小微企业发展，在提高效率的同时防控金融风险

在科技先行的时代背景下，一是思考如何以科技创新为驱动力，运用大数据、人工智能、云计算等先进技术实现对客户的精准画像和数据挖掘分析，从而提供精准服务。二是思考如何提升大数据风控在客户营销、反欺诈、风险预警、供应链金融、小微信贷和数据安全等领域的应用，进而提高授信审批效率和客户服务体验效果。这些也是银行业金融机构需要深思的问题。

（六）如何建立健全更有效的风险补偿和融资担保机制

建立健全中小企业风险补偿机制和担保体系是缓解小微企业融资难融资贵的重要一环。一是思考如何建立有效的风险补偿机制，探索财政贴息、银税互动等模式。二是思考如何共建融资担保体系，形成"政府＋银行＋保险"小额信贷风险共担模式，加大对小微企业和"三农"的风险担保。三是思考如何建立健全相关法律制度，规范市场发展，维持行业良好秩序。这些问题都有待深入探究。

做好普惠金融服务是一项长期而艰巨的任务。近年来银行业金融机构积极投身于普惠金融的创新与发展中，并在实践中不断总结经验，逐步探索出了普惠金融发展新路径。但是，普惠金融要真正做到"普"和"惠"不是一蹴而就的事情，"攻坚最后一公里"还有很长的路要走，需要政策制定者、监管者、实践者、学术研究者集思广益、共同努力。中国银行业协会愿与社会各界携起手，以更有力的举措、更有效的行动，久久为功、持续不懈，切实从需求方出发把金融服务送达"最后一公里"，推动金融服务实体经济高质量发展！

（作者系中国银行业协会专职副会长）

新局面、新气象、新发展 科技引领进化之路

范 楠

近年来，金融科技蓬勃发展，持续创新。支付创新、云计算、大数据、人工智能等前沿技术和理念的应用给金融行业带来巨大发展能力，也带来服务模式的重大变革，数字化正逐渐渗透到生产与生活的方方面面。金融科技发展前景广阔，其持续创新在普惠金融的发展中发挥着重要作用。

作为国家大型商业银行，中国邮政储蓄银行以普惠金融为己任，坚持用科技力量落实数字化转型，深化普惠金融内涵。近年来，在全行数字化转型战略的指引下，通过推动大数据门户等重点项目建设，数据驱动体系正逐步完善；在人工智能领域，以全面深化和丰富贯通前中后台的、基于机器学习和深度学习的应用场景，并在此基础上构建惠及全行的统一人工智能应用平台为全新课题。同时，已建成基于小型机集群架构数据全国集中管理的个人核心业务系统，组建了一支业务与技术高度融合的敏捷开发团队，搭建出一个具有高度服务化、自动化的基础环境开发测试环境。践行发展普惠金融之路任重道远，邮储银行必将坚持机构、产品、制度、技术等方面的全方位创新，力争打造更完善的普惠金融服务系统。

一、邮储银行在普惠金融数字化转型方面的举措

邮储银行从成立伊始，就确立了服务社区、服务中小企业、服务"三农"的零售银行定位，致力于为中国经济转型中最具活力的客户群体提供服务。

从传统零售金融服务的线下渠道优势上看，邮储银行拥有近4万个营业网点，服务个人客户达5.53亿户，拥有优异的资产质量和显著的成长潜力，具有落实普惠金

融服务最扎实的客户基础。

目前，邮储银行线上产品生态圈形成了包括网贷平台、互联网金融平台、电话银行、微信银行等在内的全方位电子银行体系，实现了电子渠道与实体网络互联互通，形成了线下实体银行与线上虚拟银行齐头并进的金融服务格局，为数字化转型的道路奠定了良好的根基。

当前的技术和竞争格局给用户获取金融服务的行为带来了许多新的改变，也使银行的数字化转型迫在眉睫。数字化时代的消费者更加看重方便、快捷、多渠道等数字化体验，这些体验也成为客户选择银行的重要考量标准。

在普惠金融的道路上，邮储银行始终把科技力量作为提升服务客户能力的重要抓手，深挖金融科技、落实数字化转型、打造精准服务能力，用科技支撑提升服务效率和客户体验，深化普惠金融内涵，切实有效地让邮储银行提供的金融服务给客户的生活和事业带来改善和提升。

具体而言，邮储银行在数字化产品创新方面，积极和政府、电商、物流等各界展开深度合作，推出扶贫惠农、小微信贷、电商金融等线上型创新产品，让需要金融服务的小额客户能更容易地触达邮储银行产品，甚至足不出户就能完成用款、还款等全链条的服务，享受数字化时代的金融便利。

在底层的技术支持方面，邮储银行率先投入到分布式集群、云计算环境等新一代基础 IT 环境的打造当中，并在软件管理方面推行符合新时代特色的双模 IT 管理方式，既要保障银行系统安全、稳定、可靠运行，又要适应时代变化和业务快速变动的需求，提供双速动力，打造坚实的市场竞争实力。同时，当前业务环境不可或缺的大数据平台已经在普惠金融等各项业务当中不断发挥更大的作用，利用数字化时代最有价值的数据资源赋能普惠金融，提升服务效率，给客户带来真正的便利。

在先进技术方面，邮储银行积极对人工智能、生物识别、区块链等具有前瞻价值的新兴技术开展研究并投入实践。目前已有的成效包括利用人工智能技术提升数据分析效果，赋能评估审批环节；利用生物识别技术简化用户验证流程，赋能身份验证环节；利用区块链技术提高信息流转效率，赋能跨企业合作环节；等等。

邮储银行的数字化转型之路还处在稳步升级的过程当中，未来将会在全行数字化转型战略的指引下，不断深化产品创新和科技创新，加速基础设施转型和 IT 建设模式升级，落实金融科技实践，并加强人才队伍建设，从而打造更完善的普惠金融服务系统，用及时、有效、高质量的金融服务，真正把国家战略落到实处。

二、邮储银行在大数据领域的工作及发展

当今社会科技迅速发展，信息海量流通，数据已经渗透到当今每个行业和业务的职能领域，成为重要的生产因素。大数据以其海量的数据规模、快速的数据

流转、多样的数据类型和价值密度低四大特征引起了各行各业特别是金融行业的极大关注。邮储银行坚持以"数据驱动"为原动力，在高度重视基础平台建设的同时，提升大数据应用能力，通过推动大数据门户等重点项目建设，逐步完善数据驱动体系。

在基础平台方面，邮储银行大数据平台采用"Hadoop + Vertica"混合架构，实现了 PB 级规模的企业级存储集群，建立全行业务数据近源层（ODS），形成全行数据资源池，并在此基础上构建十大主题数据模型，按照模型将分散的数据进行统一，对共性数据需求进行加工汇总。通过建立数据实验室，为数据分析人员提供所需要的数据、分析工具及计算资源，为概念验证、快速查询、深度数据挖掘分析等工作提供环境支撑，让数据分析人员充分挖掘数据深层次的价值。同步推进数据集市建设，目前已建成财务数据集市和风险数据集市，实现了全行财务数据和风险数据的同源同口径，未来将逐步筹建客户管理数据集市、数据下发集市、监管合规数据集市等。

在大数据应用系统方面，以产品化思维推进大数据广泛应用，采用自主研发技术构建邮储银行大数据门户应用系统，系统现已上线 30 款数据产品，高效支撑业务部门发展需求；利用机器学习算法，在营销、风控领域构建多个分析模型，并引入开源可视化组件，与 JAVA 平台有机融合，为高效开发数据产品奠定基础。通过构建支持高层战略决策的管理驾驶舱指标库，运用可视化的形式进行综合展示，以帮助管理层了解业务发展动态。

在金融科技推进方面，2017 年底，成立了金融科技领导小组，技术部门和业务部门的领导和骨干作为小组成员，在大数据营销、风控、征信等方面，共同推进大数据应用的工作，加强了科技部门与业务部门之间的沟通、协作，增强了业务和技术的耦合性，为带动全行大数据应用发展奠定基础。以大数据营销为例，以"2+6"综合营销模型的构建为抓手，与个人金融部、三农金融事业部、消费信贷部等业务部门共同构建数据分析模型，支撑行内综合营销工作，逐步推进邮储银行的数字化转型。

在体系建设方面，着力构建"1+N+36"大数据应用组织管理体系，"1"指总行，"36"指分行，"N"有三个维度，分别为四个数据分析大区、八个重点业务条线和八个分行研发中心。通过大区联席制度，定期轮换大区组长，充分调动了分行的主观能动性，达到分析成果共享、提高效率、节约资源的目的；依托八个重点业务条线，强化大数据应用与业务条线的深度融合；联合八个分行研发中心，共同推动数据分析工作的开展。通过该组织管理体系，将全行的大数据应用工作，从上至下，横向联通，纵向贯通，协同发展，实现资源整合、技术融合、业务和技术的结合。在总行政策引导和技术支持下，分行积极开展大数据应用课题，建设数据应用系统，固化成熟分析模型，分享成功经验，并能及时反馈意见建议，总分联动形成良性循环。

近年来，大数据技术和应用的迅猛发展，对商业银行的数据管理提出越来越高的要求，邮储银行高度重视数据管理工作，在新一轮IT规划中制定了《中国邮政储蓄银行数据治理专题规划》，并在数据管理工作中逐步落实，通过四个方面推动全行数据标准化，提升数据管控能力。一是建立数据标准。邮储银行自2014年底启动全行基础数据标准制定工作，2016年发布了《中国邮政储蓄银行基础数据标准（2016版）》。数据标准的建立不是一蹴而就的，邮储银行自2017年下半年开始，结合全行的产品目录建设，制定产品主题基础数据标准，并根据数据标准落地的思路，进行全面修订整合。二是数据标准化落地。一方面与CMMI3工程管控相结合，形成一套完善的数据标准化工程管控体系；另一方面以企业级数据字典为阶梯，在信息化工程建设中全面落地数据标准，将数据生命周期与项目生命周期有效结合。三是推进数据资产管理。通过标准化管控系统，形成邮储银行的数据资产，为数据管理提供流程手段和科学决策依据；基于元数据建立全行数据地图，形成各系统上下游数据协同。四是以问题为导向、以监管为抓手，搭建全行数据质量体系。建立大数据平台数据质量常态化检查监控、问题跟踪、分析、通报及汇报机制，不断推进数据质量提升。面对大数据未来的发展趋势，邮储银行将继续在相关领域积极探索，对标同业和监管要求，持续深化大数据应用，严把数据管控关。

三、邮储银行在人工智能方面的未来发展

近年来，云计算、大数据等因素的成熟催化了人工智能的进步，人工智能技术无论是在核心技术还是在典型应用上都已出现爆发式的进展。在金融领域，人工智能将成为金融机构的一种核心能力，不仅直面客户零售和营销等传统前台业务，还包括过去触及较少的中后台业务，如风控、投顾、投研、监管、流程自动化和运维。

2018年是邮储银行全面拥抱智能化和塑造人工智能核心能力的一年。在机器学习领域，支持向量机、逻辑回归、随机森林和聚类等传统机器学习算法在交易反欺诈

识别模型和风险评级模型中的广泛应用，以信用风险计量评级模型为依据，分析客户在邮储银行的资产、负债以及消费模式，采用分箱及主成分分析等方法提炼和抽取特征，运用算法刻画和构建客户信用和欺诈评分模型，并随着大数据的积累持续进行模型训练、更新和评估，极大提升了中台风险管控效率，降低了信用风险。在深度学习领域，包括人脸识别、虹膜识别在内的生物识别在手机银行、智能终端和ATM上的应用已逐渐成熟，基于循环神经网络的自动问答机器人和语音质检等智能客服应用崭露头角，在改善客户服务体验和增强客户黏性上起到了关键作用；基于卷积及循环神经网络的图像分类和识别目前正运用于集中授权和营运中心的票据全版面识别，同时利用大规模GPU并行计算进行加速，关键票据切片要素识别在保证响应时间基础上达到99%以上的识别率，极大提高了后台集中作业的效率。邮储银行在人工智能的应用场景上持续挖掘，结合机器学习算法丰富性和良好模型解释性的特点，以及深度学习在序列化模型处理上的先天优势，以实现机器自动化、决策自主化为目标，灵活运用，开拓创新。

　　人工智能第三次发展浪潮成为邮储银行业务和技术转型升级的新引擎。全面深化和丰富贯通前中后台的、基于机器学习和深度学习的应用场景，并在此基础上构建惠及全行的统一人工智能应用平台，是人工智能时代的全新课题。事实表明，人工智能带给邮储银行的已不仅是技术，更有对传统银行业务模式和经营理念的极大冲击。只有积极拥抱人工智能、完成智慧银行转型，邮储银行的未来才能拥有更强大的生命力和更持久的发展后劲。

四、邮储银行个人业务核心系统的优势、设计亮点及未来架构演进思路

　　2014年，邮储银行基于小型机集群架构，建成数据全国集中管理的个人核心业务系统（邮政储蓄逻辑集中系统）。系统投产以来，支撑了全国5.3亿个人客户、15亿个账户、4万个网点，跨行交易成功率持续同业领先，为邮储银行业务发展、产品创新、服务转型提供了强大的科技引擎。具体来说，优势体现在以下两点。

（一）满足国家自主可控战略的外在需要

长期以来，我国各大商业银行采用大型机作为核心业务系统，其核心技术为国外厂商所垄断。为响应"自主可控"的国家战略，邮储银行基于小型机集群构建了个人核心系统，探索出一条成本节约、自主可控、独具特色的信息化发展之路，系统的成功上线是国家信息安全战略在邮储银行的有效落地，也得到了工业和信息化部、中国人民银行的高度认可。

（二）满足实现降本增效的内在诉求

大型机虽然在稳定性、I/O能力、数据一致性等方面具备一定优势，但也存在风险度集中、横向扩展能力受限、采购维护成本高企的问题。小型机集群在并发性能、可扩展性、灵活敏捷和减少成本方面具有明显优势。采用该方案，在当时同等规模的商业银行中尚属首创，从系统实际运行各项关键指标数据来看，达到了同业领先水平，并极大地降低了投入成本。

采用小型机集群架构的难点是在系统高并发交易下确保数据的一致性，邮储银行结合业务特点，设计了特点鲜明的分布式应用架构。一是系统高可靠运行保障：核心系统设计了一套完备的故障隔离机制，能够及时发现并对集群设备故障进行多层次、多维度的故障隔离，将交易自动切换到其他正常节点或服务，满足金融行业对交易处理可靠性的严苛要求。二是系统高性能支持：系统在应用层面将交易在系统内合理分布、并行处理，提升系统并发处理性能；在数据库层面对数据进行纵向和水平切分，提升数据库扩展能力，突破数据访问性能瓶颈。三是数据一致性保证：在业务交易服务出现调用异常的情况下，通过事务补偿机制和差错核对等手段保证业务最终执行成功和数据状态的最终一致。

回顾这些年核心系统架构演进历程，邮储银行顶住压力走出了一条别人未曾尝试的独创性路线。由于外部环境的变化，在金融科技创新的大背景下，银行对核心系统提出了更高的要求，小型机集群架构核心系统的实施，也为邮储银行下一代核心系统演进奠定了坚实基础，接下来核心系统演进方向主要是以下几个方面：一是稳步推进核心系统"上云"工程建设。基于云平台基础设施服务实现系统快速开发、测试与部署，缩短产品投产周期，降低升级业务连续性风险；基于云平台服务构建松耦合、强扩展性和高可用性的分布式架构，提升系统容量和并发处理能力，有效满足业务发展、监管要求和精细化管理的要求。二是加速研发新一代分布式架构，推动核心系统架构换挡升级。对标互联网金融行业和同业领先实践，聚焦分布式技术关键领域，形成高度自主可控的新一代分布式架构。在此基础上，设计构建基于云平台的多中心多活架构，助力核心系统的健壮性和应急处置能力再上台阶。三是实现"互联网＋传统核心"双擎驱动。在业务架构、应用架构层面明确双核心各自定位，整合客户资源，重构业务流程，进一步提升线上线下渠道融合的服务支撑水平，为邮储银行数字化转型打下坚实基础。四是重视开源技术应用。邮储银行核心系统未来将基于自主可控的分布式技术架构，通过"商用＋开源"的技术应用，降低投入成本，并以核心系统架构优化为契机，全面提升科技自主掌控水平。

五、邮储银行开展敏捷开发的研发模式及成效

全社会数字化的发展，促使客户的行为习惯迅速地向互联网化、移动化转变，产品的交付速度和用户体验要求越来越高。面对激烈的市场竞争，邮储银行在网络金融等业务领域采用敏捷开发模式研发创新产品。作为一种在互联网企业及金融同业已经得到广泛应用的研发模式，敏捷开发在适用的场景下的确能够加快推出邮储银行的金融产品。

邮储银行组建了一支业务与技术高度融合的敏捷开发团队，重塑开发流程，快速响应，以滚动迭代的方式交付产品。在一个又一个迭代中，业务与技术沟通的效率大大提高，向业务部门交付的产品功能更加精准，需求变更得到很好的响应，也大大降低了因需求变更而额外增加的研发成本。

总结敏捷开发之路，邮储银行认为打造敏捷开发模式，需在基础环境、管理体制以及队伍建设等方面进行转变。得益于邮储银行 IT 规划的不断演进和互联网金融云平台的不断完善，敏捷开发团队目前已搭建出一个具有高度服务化、自动化的基础环境开发测试环境；在 CMMI3 规范中裁剪出敏捷生命周期模型，并同步摸索配套敏捷开发的工程全生命周期的管理制度。在队伍建设方面，转变意识，拥抱变化，强化内部协同联动，打破条线间壁垒，融智、创新，形成合力。

然而，敏捷开发并不能适用于所有的场景，针对需求稳定明确的大型核心系统，邮储银行仍在采用传统的瀑布模式进行研发。未来，也将继续采用两种研发模型推进邮储银行的信息化建设。

六、邮储银行在自动化测试领域的成就及规划

邮储银行一直大力开展信息化建设工作，随着互联网金融战略的实施，互联网金融产品交付周期加快，交付频度增加，投产上线速度越来越快，对测试工作提出了巨大的挑战。为了保证产品质量和用户体验，邮储银行要求测试工作走一条规范化、系统化、智能化的自主研发之路，不断探索适合邮储银行全产品线的测试方法，提高产品质量，降低测试成本，为系统投产上线保驾护航。

2016 年邮储银行软件研发中心自主研发了一套自动化测试系统，攻克了多项技术难关，在不断优化和实践过程中实现了"三分离"的测试理念。"业务与技术分离"，测试人员无须具备程序语言能力即可胜任自动化测试实施工作，提高了系统的易用性；"数据与脚本分离"，测试数据和脚本无绑定关系，使用数据驱动方式，提高了

脚本的复用性；"平台与工具分离"，降低第三方工具的依赖，提高了自主可控能力。与此同时，邮储银行实现了测试资源的集中式管理、测试过程的分布式调度，将"自动化测试"逐步向"测试自动化"进阶。

邮储银行提出"手自一体""分层测试"的测试方法，从质量和效率上保证项目的稳态与敏态共存，稳定运行，降低风险，多方向把控产品质量，加速交付节奏。目前支持全移动产品线的功能回归测试及用户体验测试，UI 测试覆盖率达 40%，接口测试覆盖率超过 60%，可提供 7×24 小时自动化测试服务，测试案例全集快速回归，缩短 50% 的回归测试时间，减少 40% 的人力投入；支持全产品线非功能性的接口测试、性能测试，构建非功能自动化测试平台，自动生成测试案例、测试脚本，自动执行测试案例，收集测试结果，实现自动化测试的闭环管理。

自动化测试之路任重道远，后续邮储银行将从以下几方面着力：一是构建自动化测试框架，支持前后端主流柜面系统的测试任务。二是通过环境自动化部署、自动化代码安全检测等功能，实现一条软件交付流水线。三是优化用户体验测试，丰富安全测试场景，实现产品从可用到好用的转变，从而稳健、持续、高效地发展邮储银行的自动化测试。

（作者系中国邮政储蓄银行软件研发中心总经理）

以分布式核心为基础　打造科技金融银行

牛新庄

近年来，金融科技空前蓬勃，数字化逐渐渗透到生产、生活中的方方面面，创造高效率、高质量、高满意度的服务。金融服务本身具有数字化特性，在金融科技的驱动下，成为数字化转型浪潮中的先驱引领者。2017 年 6 月，中国人民银行印发了《中国金融业信息技术"十三五"发展规划》（以下简称《规划》），明确提出了"十三五"金融业信息技术工作的指导思想、基本原则、发展目标、重点任务和保障措施。

民生银行积极落实《规划》中的任务要求，夯实信息基础设施，建立自主研发的分布式核心金融云平台，在实现"降本增效""海量存储"的基础上，通过大数据、人工智能、区块链等信息技术的综合运用，持续驱动金融创新，完善金融网络安全保障体系，显著提升金融信息技术治理能力，建设"One Bank ，One Bionic System"，再造一个"线上"的民生银行。

一、仿生金融时代，打造科技金融银行

（一）未来已来，数字化、智能化、人性化金融科技是大势所趋

未来，金融服务将朝着数字化、智能化、人性化方向发展，越来越类人化，真实、温暖至模糊掉人机界限，为广大客户提供全方位定制化的贴心服务。极致的客户体验将引领银行业进入仿生金融服务（Bionic Finance as a Service，BioFaaS）时代，科技金融服务不断自我进化，在具备高度智能的同时实现对客户、场景的深刻感知和理解，甚至可以洞察客户深层次的情绪、情感和意图，最终实现金融服务深度与人类生产和生活场景相渗透、融合，高度自动化、智能化和人性化地提供金融服务。

（二）顺势转型，民生银行确定科技金融银行战略定位

作为中国金融改革试验田，民生银行敏锐洞察到在金融服务的数字化转型中，金融科技承载着达成数字智能化、数字人性化金融服务能力的使命。2015 年，民生银行启动了旨在实现全面增长方式转型和治理模式变革的"凤凰计划"项目。基于"凤凰计划"的成果，民生银行于 2018 年 4 月启动了全行改革转型，围绕"民营企业的银行，科技金融的银行，综合服务的银行"三大战略，以科技引领作为核心动能，"技

术＋数据"双轮驱动，实现以银行为中心向以客户为中心转变，规模型导向向价值型导向转变，要素驱动向数字驱动转变，为客户提供更简单、更智慧、更易得、更安全的线上金融服务。

（三）科技公司，以科技创新效能推进改革转型

2018年5月15日，民生银行发起的民生科技有限公司正式揭牌成立。经过半年多的发展，公司已初步建立起了一支专业化、高素质的科技人才队伍，为民生银行的改革转型和科技金融银行战略注入了新的活力。以科技创新效能推进改革转型的同时，民生科技以金融科技服务能力的市场化为契机，对民生银行积累的科技平台和服务能力进行整合与梳理，形成了完整体系的科技能力框架体系。2018年11月9日，民生银行和民生科技有限公司召开产品发布会，正式发布四大系列 BioFaaS 技术产品，以数字化、智能化、人性化的产品体系，助力中小银行加速数字化转型。

二、以分布式核心为基础，打造仿生金融有机体

在 BioFaaS 时代，技术向开源化发展，银行也向开放化发展，民生科技致力于应用开放的技术，将民生银行打造为一个仿生金融有机体（见图1）。

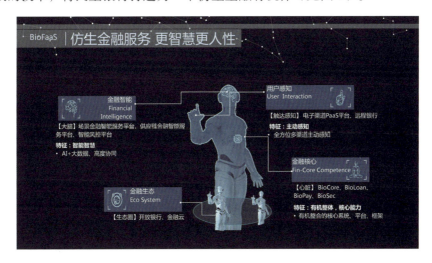

图1　仿生金融有机体

（一）金融核心：仿生金融有机体的心脏

金融核心是仿生金融有机体的心脏，是整个仿生金融体系的动力引擎和能力基础。随着客户需求日益多样、服务速度和质量追求极致，传统金融核心已经无法满足高频海量并发、高性能计算、大数据处理的业务要求，一个拥有蓬勃动力的超级心脏是仿生金融体系的核心。

2018年1月28日，民生银行换"心"成功。四年磨一剑，民生银行自主研发的

分布式核心金融云平台成功上线。民生银行共完成超过 50 个关键技术点的验证，攻克了多项技术难题，并且完成了直销银行系统全部电子账户迁移，建立了分布式金融云双活灾备体系，成为国内第一家成功上线分布式核心账户系统的银行。系统上线近一年来，运行平稳，日均交易量超过 1800 万笔，平均交易响应时间为 50 毫秒，业务处理效率较原核心系统提升 3 倍以上，且吞吐量、并发处理能力理论上可无限扩展；同时也摆脱了对 IOE 体系的依赖，大幅度降低了软件、硬件投入成本，单账户成本由 2 元降低至 0.08 元，短期内即可节省近亿元运行成本。民生银行分布式核心金融云获得了人民银行、银行业监管部门多项奖励，同时已经申请了 18 项专利以及软件著作权，并且仍在持续增长中。

（二）金融智能：仿生金融有机体的大脑

大数据和人工智能技术催生出一系列的金融智能系统，这些智能系统可以实现场景识别、场景理解以及在理解基础上的事件响应、指挥和行动，这种场景理解与指挥行动的能力非常类似人类大脑，金融智能就是仿生金融有机体的大脑。

在智能风控方面，民生银行整合行内业务数据及外部数据，结合银行风控目标及策略，创建客户全景视图，构建风险管控模型体系，提高主动识别风险、提前防范风险的能力，实现贷中信用风险监测和贷后风险预警的自动化与智能化，有效提升资产质量管控水平，并在此基础上进一步形成总行统驭、总分联动的风险预警管理模式。

同时，民生银行应用大数据技术构建业务运营风险监控管理体系，按照"全面覆盖、风险导向、数据驱动、闭环管理"的原则，将全部运营风险监控行为纳入管理范畴，通过开发部署并动态优化超百个运营风险监控模型，运用流式技术提供准实时的风险预警能力，实现业务运营风险预警、核查、处置、质检和评价一体化、闭环运行机制。

在"凤凰计划"零售资产管理优化项目中，民生银行自主研发了天眼预警系列总计 12 个模型，实现了对全行零售贷款全品种、多时窗贷款风险场景的覆盖，在释放客户经理产能、降低早期逾期规模、主动压降风险敞口、动态调整资产结构等方面均可提供量化依据和决策支撑。得益于智能风控技术的研发与全面落地，2018 年民生银行可大幅降低零售不良资产规模，效果持续显现后可显著优化零售资产质量。

（三）用户感知：仿生金融有机体的感官

有了强劲的心脏和智慧的大脑，还要通过全方位的渠道将仿生金融服务渗透到客户的生活中。民生银行运用自然语言处理、深度学习、意图理解等技术创建了 AI 金融情感交互机器人，也是目前微信银行、手机银行、移动办公等电子渠道的在线客服虚拟代言人。该平台引入前沿语义识别模型算法组

合，利用民生银行多年来积累的大量历史交互数据，结合互联网海量闲聊和情感数据进行逐一学习，形成多个 AI 数据模型，进而构成了机器人所有功能零部件，让客户感受个性化、情感化、拟人化的人机交互服务。

在智能化的基础上，民生银行建立起了远程银行，通过远程音视频、生物识别技术，实现客户业务面对面"视频"的交易服务远程办理，替代了柜面 95% 的交易场景，并打破了国界限制，为长期定居境外的客户提供极大的便捷，实现了线上服务全球化；通过智能语音技术和机器学习，快速响应客户，实现线上进件、前置审批、一站式签约的直客模式，减少银行贷款冗长的流程，减少浪费和流转损耗，提高客户贷款的可获得率和整体贷款服务时效；通过智能质检和风控模型，有效控制业务风险；应用大数据技术、客户标签画像、智能推荐引擎等，实现高精准营销策略和差异化服务模式，使远程银行站在智能的起点上，为客户提供更好的服务体验。建设智能的远程银行，并不是简单地用机器人来替代人工服务，以达到降本增效的目的，而是应用人工智能技术、大数据技术，打造多媒体、立体化、零距离的服务平台，更加深刻地理解和洞察客户的意图，挖掘、引导潜在需求，加强与客户的连接，使服务更加贴心、提供"有温度的线上银行"服务。

三、开放共享，打造"科技 + 金融"生态圈

未来已来，金融科技已经将开放、共享的理念贯穿到银行的发展中，民生银行将以开放心态汇聚外部研发力量，联合创新，构建数字化、智能化、人性化的银行，打造"科技 + 金融"生态圈，为更多客户提供更加智能高效普惠便捷的金融服务。

（作者系中国民生银行信息科技部总经理）

平台型经济金融创新

魏革军

　　一段时期以来，我国金融科技的广泛应用，催生平台经济的发展风生水起，促进了金融供给模式从单一化、产品化转变为多元化、场景化，新的交易金融模式使金融与经济、生活融合度不断提升。平台创新是信息化、科技化以及经济金融改革深化的必然结果，对于打通金融与经济之间的堰塞湖，促进经济与金融之间的良性互动具有重要意义。

　　金融与经济的融合及良性互动是目前决策层、金融部门、实体部门普遍关注的问题。第五次全国金融工作会议后，我国形成新的监管新格局以及双支柱的金融调控框架，通过去杠杆、防风险重塑金融服务业的价值，过高的杠杆率稳了下来。在这个过程中，也出现了许多新问题。最近一段时期，一些政策陆续进行了调整，金融管理当局反复强调货币政策中性、监管中性以及企业竞争中性，实行非歧视性的融资政策，增强开放性、包容性，破解经济生活中的突出问题，以适应金融与经济之间更为复杂的关系。

　　政策和理念明确以后，关键是找到金融服务实体经济最有效的实现方式。各个方面正在从不同侧面、角度加以探索，以适应结构性变化。经济金融平台创新是诸多方式中最重要的方式之一，它强调关注交易金融、直销金融，试图从更加系统的角度，从整个再生产过程解决产业链金融服务问题，解决相关交易的成本、效率和风险问题。

老办法解决不了老问题，更解决不了新问题。这是一个新的变革。

我们说，金融创新有不同的层次，有产品和业务型创新，有体制机制型创新，也有标准型、平台型、基础性创新。不同类型的创新有各自的作用。不同类型的创新不是割裂和孤立的，而是相互交叉和共存的。在国际金融发展史上和我国金融改革开放历程中，各种各样的创新都有很多鲜活的例子。创新是为了破解一些难题和痛点，实现新的突破。这里我不讲一般性产品与业务，包括基本产品、衍生品、结构性金融产品，也不谈体制机制问题，而是着重谈谈标准型、平台型等基础性金融创新。

标准型金融创新的例子很多。标准意味着竞争力，意味着话语权，也为科技与金融的相互赋能创造更好的条件。制定一些标准和构建一些基准性的东西，成为很多金融产品、定价及其风险管理的基础。比如绿色金融标准、金融科技标准；又如，SHIBOR / LIBOR / SOFR，是很多金融产品定价的基础。最近，英国《经济学家》杂志刊载了一篇文章，题目是"一切金融产品定价的基础"，专门讲到 LIBOR 曾经的作用，以及因操纵导致其目前面临的危机，美国试图以 SOFR 加以替代；再比如，汇率市场化标准、市场经济地位标准的确立和认同，都会对国际经济关系带来重要影响；等等。

平台型金融创新的例子很多，既有社会金融基础设施的各种安排，也有市场性竞争性的平台安排。基础设施金融安排很多，比如，支付清算平台、征信平台、各种金融交易中介安排、数字金融平台。市场性竞争性很强的安排，包括我国的 BAT、外国的 FACEBOOK / GOOGLE 等。

近几年，围绕融资链、产业链衍生出现的科技型平台也很多。除了大量互联网金融平台外，商业银行也出现了不少交易金融平台。

这几年，五大行齐聚电商领域，大部分均遵循了"平台 + 融资"的电商模式，各自打造 B2B / B2C 平台，并在平台上嵌入融资、理财等金融服务。金融科技对银行业的影响最直接的就是表现在客户服务、产品设计、运营模式三个方面，开辟触达客户的新路径，有效突破地理和距离限制，极大提升了触达及连接用户的能力。

标准型、平台型金融创新为什么重要？

第一，着眼于系统性地解决问题：坚持问题导向，找到痛点，精准施策。金融改革发展到今天，最大的痛点是什么？本质上还是资源和风险的配置问题，传统的金融体制机制没有很好的办法，需要金融与科技之间相互赋能，减少信息不对称、信用能力不足等问题，体现了现代分工互补的作用，这实际上是利用现代科技对经济金融运行中的问题提出新的解决方案，以适应高质量发展和转型需要。

第二，增强公众的获得感和效率：直接架起供需双方桥梁，减少信息不对称，节约成本，便利高效。一些科技型平台之所以受欢迎，就在于把生产、流通、消费放在一个生态链上考虑，形成相互促进的正效应。

第三，体现和发挥基础设施效应。基础平台具有恒久的效应和竞争力，具有乘数效用，可以循环使用、多次使用、多方面应用，促进一个地域、企业把基础优势变为资源优势、数字优势和资本优势，同时具有价值发现功能。

第四，体现战略性安全性超前性。拥有好的标准和好的平台，意味着具有更高的资源配置能力，具有更高的竞争力，具有优势的数字资源。区域之间的竞争实际上是技术、基础平台、标准、定价机制的竞争。金融方面的很多基础性安排都具有战略性。

第五，解决制约平台型经济发展的瓶颈。创业创新战略是我国经济转型的重要战略，需要解决一系列观念上、制度上、法律上、监管上的障碍，需要解放思想，改善政策环境；需要完善法律制度，减少法律障碍；需要创新权益保护、数据保护；需要重新定义传统金融及结构。这些都需要有关部门齐心协力，创造更好的营商环境。

（作者系中国人民银行西安分行行长）

记账清算与货币金融

王永利

记账清算的产生和发展，对货币金融产生了脱胎换骨般极其深刻的影响，推动货币金融产生了划时代跨越式的发展，在经济社会发展过程中发挥了极其重要的推动作用。如果没有收付清算和货币投放及其运行体系上的这种深刻变化，金融的综合实力和影响力，以及全球化的投资、贸易和金融交易等，根本无法达到今天的水平。

如果说金融是现代经济的核心与枢纽，货币是金融的基础和灵魂，那么，清算体系则是货币流通和金融运行的血脉和经络，要准确把握货币的本质和发展变化，准确把握金融的运行逻辑和发展规律，就必须首先准确认识和把握清算方式和清算体系。

但非常遗憾的是，有形货币和现金清算已存在数千年，而货币记账清算发展成为主要清算方式只有不足百年的短暂历史，而且伴随着信息科技的发展，在实践中潜移默化地发生并不断放大。一般人对此并没有充分的感受和准确的认知，人们对货币和货币清算的印象，一般仍停留在手里持有的现金（有形货币）的情况，停留在现金清算的阶段，而没有跟上在记账清算方式出现和快速发展的过程中，货币金融经历着更加深刻的变化。即使是在金融机构和金融领域内，由于清算工作本身涉及面比较广（包括通信设施和多方机构人员的配合）、比较分散，而且都属于基础性业务，属于后台操作性工作，一直没有得到金融从业人员、金融研究人员、金融监管部门的充分重视、系统分析、足够认知和准确把握，进而使其对记账清算的发展和对货币金融带来的深刻影响和变化置若罔闻、视而不见。对这一货币金融史上极为重大的变革，在全世界范围内都一直没有得到充分的论证和完整的解释，造成对货币金融的认知和理论研究与其实际运行发生严重偏离。这种状况的持续存在，已经对货币金融的发展产生了严

重的困扰和误导，这种局面必须尽快得到扭转。

一、记账清算方式出现

在货币金融发展史上，除货币形态的变化（特别是货币脱金）及其带动的金融变化外，还有一个对货币金融影响巨大却又一直没有引起足够重视的重要因素——货币（资金）清算方式的变革及其带来的货币金融运行机理的深刻变化。

长期以来，由交易双方直接进行的"一手交钱、一手交货、钱货两清"的货币实物（金银货币或纸币现钞等，即有形货币，可统称为现金）清算是一种最基本的清算方式——现金清算。这是经济活动当事人进行货币收付清算过程中长时间存在的最基础、最直观的方式。

现金清算需要大量铸造或印制、携带、运输、检验、交割（移交货币实物）和销毁过程等，清算成本较高，清算效率也越来越跟不上经济交往规模，清算范围不断扩大，交易频率不断提高，于是，基于降低成本、防范风险的考虑，由清算机构（主要是银行）作为中介，通过对交易双方存款账户的增减记账进行货币收付清算的方式逐渐兴起并不断发展，形成了与现金清算相对应的记账清算（转账清算）方式。

记账清算方式的出现和发展，带来了清算体系、货币形态、货币流通（运行）等方面一系列深刻的变化，推动了货币从"有形"转变为"无形"，对货币金融产生了极其深刻的影响。

二、记账清算运行体系

记账清算的运行，首先需要有清算中介机构，一般是银行。其次需要收付款人在清算中介机构开立清算用的存款（备付金）账户，记载账户所有人的姓名（户名或户头）及相关需要用于验证户主身份真伪的信息与密码、账号等，这是记账清算体系的核心内容。最后需要账户信息载体、信息传送渠道，如邮件、电报、专用电子网、公用信息网等及其配套设施和相应的清算办法等。

其中，最容易利用信息和通信技术改进和创新的是记账清算所运用的账户信息载体、信息传送渠道和相应的清算办法等。如最早用存单、存折、汇款单等可以办理在存款机构和汇款机构的存款、取款；用支票、本票、汇票等可以办理转账支付，但各种纸质票据一般需要付款方签署后交给收款方，收款方交给其开户银行，向付款方开户银行办理托收，付款方开户银行收到票据经验收确认后向收款方开户银行办理付款等，时间周期长，成本高、风险大；随着通信体系的发展，银行可以发行银行卡，通过专用电子信息渠道，直接由收款人的读卡器（POS机）将卡号、密码、金额等相关信息发送至发卡中心，发卡中心马上对信息进行验证，合格后通过原渠道反馈，收款人的读卡器即可打出结算清单，持卡人签单确认后，交易即可办理，发卡中心则会扣减持卡人账户的款项，转到收款人账户。这种电子渠道的效率和安全性大大提高。在此基础上，随着银行专用局域网的发展，银行卡全国联网实现通存通兑，电子银行加快发展；随着移动互联网、加密应用等技术的发展，存款账户的信息不再需要卡、折、票等物理载体，可以直接信息化，并将手机作为账户信息载体、读码器和移动互联网的终端入口。在办理交易需要支付时，付款人直接用手机扫码读取相关信息（包括收款人账号和款项金额等）并输入密码，按下确认键后，手机随即将信息发送至账户中心，经验证合格并反馈给收款人信息后，交易即可办理，并由账户中心办理款项的转账清算。

随着账户信息载体和信息传送渠道的变化，清算的具体操作和处理方式也随之发生变化，特别是进入互联网时代，越来越多的清算操作，如相关信息的输入、验证、清算处理和结果反馈等，不再需要专门的第三方机构和人员参与，而是由当事人自己输入、系统自动验证和处理，将金融功能越来越多地融入实体经济中实现一体化、自助式、自动化、智能化处理，推动货币金融的表现形态和运行方式的深刻变化，货币金融功能得到更好发挥（效率提高、成本降低、风控强化）。收付清算成为金融科技应用最集中、对货币金融影响最突出的环节或领域。

这里需要额外提醒的是，基于手机支付的原理，可以预见的是，随着移动互联、加密应用的发展，银行卡、身份证、社保卡、公积金卡、工作证等各种物理信息载体，都可能信息化并将网络终端或入口集中到手机上（条件是发卡或发证的信息中心必须开放信息，并通过手机进行信息连接和在线查证），手机将成为互联网社会最重要、功能最集中的终端入口。这将带来社会运行、信息采集和运用等方面深刻的变革。

记账清算还需要收付款双方实现存款账户的物理连接或网络连接。如果收付款双方都在同一银行（开户行）开立账户，则银行作为中介，可以直接办理转账和记录。但如果收付款双方不在同一银行开户，则还需要其开户银行相互开立清算账户，或者共同在第三方银行开立清算账户（这个银行也叫作"碰头行"）。一般而言，如果在大量银行之间直接相互开户，则需要开立的账户会非常多，并不利于账户有效管理。因此，一般首选建立"清算中心"的模式，即所有的银行主要在清算中心（如中央银行或专门的清算机构）开立账户即可，依靠网络运行的非银行支付清算机构，其运行原理同样如此。

记账清算不是收付款双方直接的现金清算，而是通过清算中介、账户信息和收付信息的传递与处理才能完成，这一过程的安全性、便捷性和监控的严密性、有效性，是其存在和发展的关键。因此，监管部门一般都应该对吸收清算存款、作为清算中介的机构，以及清算账户信息维度的充足性和准确性（防止假冒诈骗等）、账户信息载体和信息传输通道的安全性等进行严格审查，形成严格的管理制度。比如，对清算中介的资信情况进行评判和分级管理，对清算机构开立的清算账户进行评判和分级管理，甚至根据不同清算通道和工具的安全性进行分类（其中，最基础的账户要求最高，必须由开户申请人与开户承办人当面办理，在承办人监视下填写开户资料，当面核对信息真实相符后才能开立），相应实行不同限额管理等，以保证客户信息和资金的安全，防范可能的风险。

总之，在记账清算体系中，清算机构、清算账户、清算工具及其运行方式是三大重要组成部分，形成紧密相连、有机融合的运行体系。其中，最容易变革和改进的是清算工具及其运行方式，围绕"提高效率、降低成本、严密风控"的宗旨，可以积极探索和应用先进科技不断推动清算工具及其运行方式的创新。但是，创新必须符合清算体系运行的基本逻辑，必须有利于推动货币金融运行、提高效率、降低成本、严控风险，更好地转移和配置社会资源，创造出更多的社会财富。

三、记账清算推动货币变异

在记账清算日益发达的情况下，货币就不再仅仅表现为实物形态的现金（现钞及辅币），而是更多地表现为非现金实物形态的银行存款。这种以存款形式表现、以货币数字反映的货币也可以被看作是存款货币（或数字货币）（与实物货币——现金相对应）。这就推动货币的发展发生了一个深刻变化，甚至是蜕变与裂变：从有形货币转变成为无形货币。

在记账清算方式下，不仅银行贷款等派生货币的投放可以以记账方式直接记入收款人账户，表现为存款货币（而非现金），而且中央银行投放基础货币也越来越多地采用记账方式进行，即在购买货币储备物时，直接将对应的货币记入出让方的账户即可。这就大大减少了现金印制和流通的数量，货币的去现金化或数字化态势越来越明显，货币已经不再只是人们脑海中根深蒂固的现金的样子，而是越来越多地变成无形的数字的东西。

在这种情况下，现在讲到货币时，如果脑子里只想到中央银行印制和投放出来的现金，就已经过时了、不准确了。讲到中央银行扩大货币投放时，就刻意使用"开足马力印钞票"的字眼，投放印钞机印制钞票的图像或画面，只能是一种象征性的说法，严格来讲，同样是不准确的，是会造成误导的。

必须明确：当今社会的货币总量，不仅包括流通中的现金（M_0），还包括社会主体（单位和个人）存放在银行的存款（不含吸收存款的银行相互之间的存款），简单的表示就是：货币总量 = 现金 + 存款。

当今社会，现金清算在整个货币清算总规模（金额）中的比重已经非常低（不足1%），相应地，在社会货币总量（广义货币，即社会购买力总额）中，流通中现金所占比重也在不断降低（美国不足3%，中国不足5%），其他则主要表现为社会组织和个人在银行的存款。而且，这种以记账清算代替现金清算的趋势仍在加快发展，流通中的现金所占比重还在持续下降。货币去现金化或数字化已成为不可逆转的大趋势。

这一变化，不仅可以大大减少现金印制和流通的数量，降低货币流通的成本，减少货币现金的沉淀，提高资金清算的效率，严密货币流通的监控（记账清算每一笔都有转账记录，可以实现资金流通全过程的核查，强化反洗钱、反恐怖输送、反偷税漏税等方面的监管），而且有利于从源头上将货币（资金）更多地集中到清算银行，增强银行投放贷款等资金运用的能力和效率，促进社会资金的有效利用，推动金融加快发展，并提高货币总量调控的灵活性、有效性。

四、记账清算推动金融升级

在记账清算下，货币（资金）的流动和收付清算，是需要通过中介机构（银行）进行的，而不是收付双方直接进行的；清算中介是通过调整相关各方在中介机构的存款账户的记录，以增减权利或义务的方式进行资金清算，而不需要动用真正的货币现金。这样，所谓货币流动，实际上是货币所有权的流动，而不是实物货币（现金）真正发生了流动。

由现金清算转化为记账清算，不仅使货币的形态发生变化，而且产生了一个影响深刻却又一直没有得到充分认识和准确把握的变化——货币所有权的流动与货币现金的流动发生分离。

这又进一步推动了金融从以货币的印制、流通和收付清算为主体功能的初级阶段，迈向以资金融通为主的成熟阶段，并推动金融活动越来越脱离实体经济而独立运行，形成虚拟经济的范畴，与实体经济相对应，进而发展成为以金融交易为主体功能的高级阶段，呈现出金融发展相互传承、不断提升的三个重要阶段或层次。

1. 货币金融。在现金清算下，货币的流通很大程度上是依附于贸易往来等实体经济活动进行的，除一般的经贸往来产生货币收付外，还可以有直接的货币借贷或投融资（直接融资）行为，但规模有限、影响不大，也很难派生新的货币。这一阶段实际上金融处在以货币为中心，以货币的印制、流通、收付清算为主体功能的阶段，可以称作货币金融，属于金融的初级阶段。货币金融的运行主要以现金清算为依托。

2. 资本金融。在记账清算下，货币的运行可以不必完全依附于商品或劳务的交易，能够相对独立地用于投资、借贷等货币融通和运行，甚至通过间接融资还能够派生出新的货币；货币流通不再以商品实物或劳务的交换等活动为主导和根本，而是以社会投融资的需求为主导和根本，这就推动货币演变成资本或资金，越来越能够独立运行，并能够通过间接融资派生出新的货币，货币的功能发生重大变化，推动金融加快发展，形成"虚拟经济"运行体系，并与"实体经济"相对应。金融进入以资金融通（包括股权投融资、债权投融资、可转换或结构型投融资等多种方式和工具）为主体功能的阶段，可称作资本金融，属于金融的成熟阶段（中文"金融"，主要就是指资金融通）。

3. 交易金融。由于货币所有权的流动与货币现金的流动发生分离，衍生出新的货币载体或金融工具，又进一步推动各类资产，以及资产的收益权或未来现金流等的货币化、证券化、交易化，衍生出越来越多，甚至越来越复杂的金融产品（包括各类价格指数和对冲产品等）及其交易活动，从而极大程度地激活社会资源，更好地满足社会投融资需求，以及调整资产负债结构、分散和转移风险、探寻价格走势等方面的需求，推动货币与金融的覆盖面不断扩大，渗透率不断加深，影响力不断增强，成为现代经济运行的血脉和资源配置的枢纽，成为国家重要的核心竞争力。这就推动金融从以直接的资金融通（包括借贷，以及发行和购买股票、债券、结构性投融资产品等一级市场交易）为主体功能，进一步发展到以各类资产的收益权或现金流做支持的证券化产品的交易，以及以大宗商品的期货、期权、掉期等金融衍生品的交易等为主体功能的阶段（二级交易、场外交易等），可称作交易金融，属于金融的高级阶段。

其中，通过金融交易分散和转移风险，基本的原理在于：对于期限较长、规模较大、市场价格容易变化的业务或投资领域，投资者或经营者将面临未来收益因价格变动而造成的很大的不确定性，即风险。在生产经营保持稳定的情况下，既有可能因为产品的价格大幅上涨，而使得供应商获得暴利，但购买者则相应付出更大成本，甚至可能严重影响其经营和生存；也可能出现因产品价格大跌，造成供应商严重亏损甚至破产倒闭，而购买者获得很大收益的极端情况。但实际上供应商和购买者是相互依存的，任何一方严重受损甚至退出交易，都会对整个生产经营活动和经济社会发展产生严重影响。因此，需要直接的供应商和购买者放弃可能获得的暴利以及因此可能承担的巨大风险，转而通过金融运作，追求合理收益并适度控制风险，让出一部分可能的收益，转让给社会上更加广泛的投资人或投机者，在让其广泛参与可能获得一部分收益的同时，也需要承担一部分可能的损失风险，达到风险分散的目的，并通过更加广泛的社会参与，准确发现社会需求与发展方向，引导社会生产和有效供应，合理确定未来商品价格，避免少数人控制等。

这样，既鼓励和培育全社会的风险回报意识和分享风险收益的机制，又有利于培育合理的风险回报理念，不鼓励过度追求非主营业务的市场价格等因素带来的暴利暴发，这对全社会树立良好的价值观和形成良好的经营理念是非常重要的。

金融从货币金融发展到资本金融再上升到交易金融，是不断传承、融合和提升的，其发展变化的一个重要推动力，就是记账清算的发展和革新。所以说，清算与货币、记账清算与货币金融是紧密相连、密不可分的。

随着记账清算的发展和货币金融的演化，金融呈现出加快"脱实向虚"的趋势，朝着独立化、专业化的方向不断迈进，形成相对独立的虚拟经济运行体系，与实体经济相对应。

五、金融发展伴随风险加剧

在货币金融和清算方式的发展过程中，与其始终相伴相生的一个因素，即风险，也在不断发展变化。从最初的货币假冒伪劣风险、被偷被骗被抢风险等，发展到信用违约风险、流动性风险、利率和汇率风险、操作违规风险等，再到市场系统性风险、监管合规和社会声誉风险等，金融越发达、越活跃，风险就越突出、越重要。准确识别风险、有效控制风险的能力，是货币金融健康发展、发挥正能量的重要保证，是金融机构综合实力和市场竞争力的重要组成部分。

风险控制得好，可以将社会资源更好地配置到需要的地方，创造出更大的社会财富，金融可以从中获得应有的合理回报（从有效资源配置创造出来的新增财富中分得约定的回报，是金融生存和发展合理性的根本所在）。但如果风险得不到有效识别和控制，金融就可能将社会资源配置到错误地方，不仅不能创造出新的更大的财富，反而可能造成社会财富极大的破坏或浪费，金融就会产生负能量，成为坏金融，就会失去其生存和发展的合理性。特别是在金融交易市场，其交易产品流动性强、市场信息传播快，市场风险的传染性和系统性风险更加突出，破坏性更加严重。

其中，记账清算的发展，导致货币总量更加难以控制。

在记账清算的情况下，社会流通中的货币会大量集中到银行手中，从而会有力地支持银行贷款的发展。通过银行贷款增加了借款人的购买力，等于银行向其投放了新的货币。这样，银行贷款所形成的信用投放将发展成为货币投放新的越来越重要的渠道，而真正货币现金（一般由中央银行控制）的投放在整个货币流通总量中的比重越来越低。以银行为中介推动的间接融资的发展，大大提高了社会融资的成功率，并无形之中扩大了货币的投放，反过来又刺激了社会融资和货币的需求。这样，就增加了货币总量控制的难度。因为，在现金印制和投放数量的控制上，是容易得到黄金等储备物的有效约束和中央银行事先确定与控制的，但信用投放（间接融资）扩大之后，由于贷款与存款之间存在相互转换的内在联系，形成贷款投放派生货币的乘数效应，其形成的货币流通量是难以事前准确把握的。也正因为如此，货币金属本位制最终必然被冲破、被废弃，而转化成为信用货币或法定货币。中央银行也只能事后根据货币总量增减引起的物价指数（货币政策中介目标）波动情况被动地进行调节，往往政策和行动存在滞后性，难以有效防范和控制金融风险和危机。

记账清算的发展，还使得银行"大而不能倒"的现象更加突出。

记账清算的发展有利于将社会资金更多地集中到银行，从而有力地推动银行贷款的发展。银行贷款虽然看起来需要依托于吸收的存款，但实际上贷款本身就能直接转化为贷款人的存款，如果没有严格的监管限制（如贷存比、存款准备金、流动性约束等），银行实际上可以先放贷款，而不受存款的限制。在贷款投放上，除了资金成本（存款利息）外，主要就是做必要的信用调查和评审，其附加成本是有限的，而贷款属于银行的资产，发放贷款就可以收取贷款利息，其可获取的利差收入相对于其附加成本而言可能是巨大的。但由于贷款已经成为货币投放的主要途径，而货币最终是由国家信用担保的，因此，发放贷款的风险并非完全由银行自己承担，而在一定程度上与国家信用相连接。特别是当贷款规模达到相当大的程度时，如果银行贷款发生严重不良，并由此造成贷款银行无法偿还存款和其他债务，进而造成金融连锁反应，影响整个金融体系稳定，造成系统性金融风险，影响货币信用及社会和政局稳定，那么政府或中央银行必然会出面干涉并对出现问题的银行提供足够的支持（这种支持又往往依靠增加政府负债提供资金来源，进一步扩大货币投放，最终由纳税人承担），从而形成了银行贷款一定程度上的政府隐性担保局面。正因为如此，就出现了当今金融机构"大而不能倒"的现象，容易刺激金融机构利用贷款、存款内在的转换机制过度追求规模扩张，追求更大的利差收入，并因此造成整个社会信用货币的过度投放。

2008 年国际金融危机爆发后，国际金融监管尽管大大增强，甚至推出了提升版的巴塞尔资本体系（Basel Ⅲ），以及全球系统重要性金融机构（G-SIFIS）监管制度等，但遗憾的是，迄今为止，各种监管措施的落脚点都落在了金融机构身上，而并没有落在货币政策当局身上，并没有把货币总量界定和控制作为重中之重，没有形成各国货币总量控制的客观标准。

所以，既要不断推动货币金融的创新和发展，充分发挥货币金融的功能和作用，又必须不断增强对风险的识别和控制能力，包括需要切实加强货币清算和货币金融的科学监管，有效防范和化解重大金融系统性风险。

六、互联网推动清算与货币金融新变化

清算方式是随着通信和信息技术的发展而不断发展变化的。随着宽带传输、移动互联、云计算、大数据，以及区块链、智能合约、人工智能等相关技术的发展和广泛应用，信息技术已经从以电脑（IT）为主，发展到以互联网（Net）为主，互联网的覆盖面和渗透率大大提升，人类社会已经开始进入随时随地互联、万事万物互联的互联网新时代。互联网的发展，特别是其互联互通、打破边界、跨界融合特性的不断显现，正在深刻改变人类社会的组织模式和运行方式等，推动人类社会更加开放，在更广泛的领域、更高层次上实现更高水平的社会分工和合作共享；推动社会资源的利用，从以所有权为基础，发展到以使用权为主导，催生出新的共享经济新模式，大大提升社会资源的利用率，降低社会资源运用成本；推动越来越多的金融功能融入实体经济中，一体化、自动化、智能化运行，推动金融发展轨迹出现重大转变：由长期以来脱实向虚，转为脱虚向实，开始回归实体经济，并推动金融发展出现很多新的创新和模式，货币金融的功能会更加强化，但金融机构、金融工具、运行方式、表现形式等却会发

生重大变化，人工操作的业务和岗位会大大减少，各种票、卡、证等有形的载体以及与之相配套的机构网点、营业柜台、自动柜员机（ATM）等也必然会逐步被取代，推动货币金融迈向网络化、数字化、智能化（自动化）的新阶段、新时代。

随着通信和信息技术的发展，记账清算也在不断发展变化。电子支付（不能把支付方式叫作"电子货币"，"电子货币"的叫法是不恰当的）、移动支付、互联网金融、数字货币等，都是与记账清算的发展密不可分的。当前，互联网的发展正在推动金融回归实体经济，而支付结算和清算体系则成为实体经济运行与金融运行相互连接和融合、两方面资源相互转化的重要环节，是产融结合的重要桥梁，具有非常重要的影响力。

例如，在 BAT 三大互联网公司中，阿里集团正是因为有了支付宝（重点是保证金存款账户），才能有力地支持淘宝、天猫等电商业务的发展，并将淘宝、天猫等资源有效地转化为金融资源，推动蚂蚁金服的高效发展；腾讯集团正是因为推出了微信红包和微信支付（重在微信存款账户），才极大地将其 QQ 和微信的用户资源转化为重要的金融资源，促进其金融业务高效发展，并转而极大地支持其社交业务的发展。相比较而言，百度尽管在互联网信息搜索方面起步早、发展快，影响力曾经领先于其他两家公司，但由于没有实现支付功能与基础业务有机转化，没有形成无缝衔接的体系（即使成立了第三方支付公司，由于缺乏基础业务的有效支撑，作用也难以充分发挥），其互联网金融的发展就与 BAT 中的其他两家产生了明显反差，并拉开了相互之间综合实力的差距。

七、记账清算对国际货币金融体系的影响

记账清算延伸到国际经贸往来和资金清算中，产生了更加广泛而深刻的影响。因为，所谓的货币跨境流入、流出，实际上指的是货币所有权的流入、流出，而货币本身并没有真正流入、流出，只是相应增加或减少了债权、债务而已，所以，这就进一步涉及一个国家的外汇储备、对外资产负债、本国货币投放、货币国际化等诸多重大领域的管理。

例如，美国的一家企业 A 向中国的企业 C 进口商品，需要支付 1000 万美元货款。在记账清算模式下业务处理流程是：A 首先向其开户银行（BOA）发出付款通知，请其从自己的存款账户上将资金划转给 C 在其开户银行（BOC）的账户（需要提供账号）；BOA 收到通知，即将款项从 A 的账户上扣减，转入 BOC 在本银行的账户上，并做相应的账务记录：减少（借）A 的存款、增加（贷）BOC 的存款，同时向 A 发出扣款通知，向 BOC 发出入账通知；A 凭借扣款通知，登记增加（借）进口商品、减少（贷）银行存款；BOC 凭借入账通知，登记增加（借）在 BOA 的存款、增加（贷）C 在本银行的存款，将款项转入 C 的户头上，同时向 C 发出入账通知；C 收到银行入账通知，

据以登记增加（借）银行存款、增加（贷）销售收入。这样，整个资金的收付清算即告完成。

必须注意：在这一整个过程中，只是通过账户记录和增减债权债务的方式进行，并没有发生实际的货币流动（没有真正的 1000 万美元现金流入中国）。

由此产生了记账清算不同于现金清算的特殊结果，主要有四大表现：

1. 货币所有权的转移取代了货币现金的转移。比如，所谓的美元流出，只是美元的所有权流出，美元现金根本没有流出，相应增加了美国的外债，增加了美元储备国在美国的债权或资产（这可以是在清算银行的存款，也可以用于资金拆借、购买债券等）。外国持有的美元储备越多，其在美国的债权或资产就会越大，美国的外债就会相应越大。这种结算清算过程中沉淀的资金，是金融机构最稳定、最便宜的资金来源，因此，外国持有的美元储备越多，美国金融机构的资金实力和国际影响力就会越强。

2. 外汇储备只能用出去而不能拿回来。记账清算方式下，一国的外汇储备，只能通过进口、投资或转让、拆借等方式用出去，是不能直接把外汇现金拿回来的。一国用美元向美国进口或投资，就会减少其美元储备，形成所谓的"美元回流"，实际上只是减少其对美国的债权，美国相应减少对外负债，只是美元所有权的回流，而没有美元现金的实际回流；如果一国用美元向其他国家进口或投资，或者将美元兑换成其他国家货币，则是将美元所有权转让给其他国家，将本国的美元储备变成他国的美元储备，对美国没有多少实际性影响。那种认为把美元储备存放到美国或者购买美国国债收益率太低，或者存在风险，而应该拿回来存放或者用到国内的说法，从国家整体而言，是不严谨、不现实的。

在 2018 年 3 月美国发起对中国的"贸易战"（要求中国大规模缩小对美贸易顺差，否则将对从中国进口的商品加收惩罚式高水平关税等）的情况下，又有人提出，可以将中国持有的超过 1 万亿美元的美国国债作为"核武器"，必要时可以大幅度减持美国债券向美国施压。这同样存在严重误解。

一方面，在债券没有到期之前，购买债券的人不可能向发债人要求提前赎回。因此，所谓减持美国债券，只能是在二级市场进行转让。如果中国大规模减持，可能引发二级市场债券价格大幅波动，但对发债人实际造成的影响可能不大，反而会使自己遭受很大损失。

另一方面，即使减持成功，如果收回来的美元不能用出去（进口或投资、转让等），还是继续存放在美国，对美国的影响同样有限。

3. 有利于缓和国际间投资贸易失衡引发的金融矛盾。正因为记账清算使货币所有权流动与货币现金的流动发生分离，国际间投资和贸易的严重失衡，不会再像现金清算那样，真正产生货币的流动，引发逆差国家货币的严重短缺、顺差国家货币的严重过剩，并由此激化双边的国际矛盾，甚至引发相互战争（在金属货币现金清算体系下，历史上由于贸易和货币流动严重失衡而引发国际战争的案例很多）。在记账清算方式下，顺差国家只是取得货币的所有权，而货币仍存放或借给逆差国，不会严重影响逆差国的流动性。随着经济全球化发展，这种记账清算方式也使得发生经贸往来的国家之间利益相互融合（比如，美国对中国有很大的投资和进口，中国出口中很多是外商投资企业的产品，而中国的巨额美元储备又主要存放在美国），这为世界和平稳定创造了非常重要的基础条件。

4. 产生了"中央银行外汇储备倍增流动性的机理"。记账清算体系下，一国货币流出变成他国外汇储备，对货币发行国金融机构而言，只是将内债变成了外债，实际上并没有减少整体的流动性。但对于获得外汇所有权的国家而言，所有者却可能将外汇出让给银行（特别是中央银行），将外汇作为货币储备物而扩大本国货币投放，相应扩大本国流动性。将两个国家放在一起整体看，外汇储备就可能以其自身规模倍增流动性。这也是随着全球外汇储备的扩大，全球流动性随之扩张的重要原因。

八、对记账清算的误解导致严重问题

如果对记账清算所产生的货币所有权流动与货币本身的流动相分离的结果没有清晰的认知，而是固守着对现金清算的直观印象，存在货币真正流出、流入的幻觉，就很容易在跨境资金流动、外汇储备管理、人民币国际化等重大问题上产生误解和错误行为。突出表现有两大痛点。

（一）对国家外汇储备存在诸多误解

例如，近年来一直有人在指责：中国以 20%~30% 的回报招商引资，把取得的外汇（美元）交给银行后，银行又投放到美国，只能获得 2%~3% 的收益率，存在极大的损失。有人进而认为，这是美国的金融霸权，是对国际金融体系的严重扭曲，表面上是发达国家把资金投向了落后国家，在支持落后国家的发展，实际上却是落后国家在贴补发达国家。美国海外净资产是负的 3 万多亿美元，每年海外净收益却可能在2000 亿美元左右。而中国海外净资产是正的 2 万亿美元左右，每年海外净收益却是负的数百亿美元。中美两国海外净资产的收益水平相差甚远。因此，有人严厉指责我国的外汇管理体制，强烈呼吁控制国家外汇储备的增长，并呼吁把国家外汇储备拿回来，用于支持国内经济发展。甚至在国际金融危机爆发后，有人曾提议拿回 1万亿美元外汇储备分给老百姓。这些说法或观点，在很大程度都是对记账清算的无知或不理解，实际上是根本不成立的，是错误和有害的。

在记账清算方式下，外汇储备真正的货币（头寸、现金）根本就不可能拿回来，而只能停留在货币发行国，属于结算清算过程中被动沉淀的资金，其运用的收益率必然受到所在国金融市场一般收益率水平的限制，是商业银行所有资金来源和运用中最便宜的一类。而招商引资所获得的资金，属于股权投资或风险投资，其需要的回报率都是比较高的，其与外汇储备沉淀资金（存放海外）性质不同，二者的收益率不可简单比较。

招商引资的投入产出分析，最重要的是把招商引资在国内产生的实际效益，包括直接的经济效益和以开放促改革所产生的社会效益等，都纳入进去才能真实并作出准确判断。如果招商引资所产生的综合效益远远大于招商引资的回报，则毫无疑问要积极推动招商引资。这也是我国改革开放以来一直鼓励的重大政策，对外开放、招商引资，对促进改革、推动经济社会发展发挥了极其重要的作用，是不可抹杀的。当然，如果招商引资所产生的综合收益已经不能满足其综合成本，则需要及时调整招商引资的策略，提高门槛，保证合理收益。在这方面，我们以往的政策调整明显迟缓，习惯于招商引资的数量和规模考核，而忽视了其实际效益的考核，造成了很大问题，需要深刻反思和认真总结经验教训。

由此可见，一个国家海外资产的结构、海外负债的结构存在很大不同，资产和负债性质不同，根本不能将海外资产、负债及其收入、支出进行简单相抵，不能用不同国家的海外净资产、净收益进行比较。比如，美国的海外负债，绝大部分是美元储备国被动地将美元存放于美国，其收益率受到美国金融机构存款利率或国债利率一般水平的制约，都很低。美国的对外资产却大部分是风险投资或股权投资，其收益率受到投资对象及其市场环境的影响，一般都是很高的。这样，尽管美国对外负债远远低于海外资产，但海外资产的收益却可能明显高于其对外负债的成本，所以，尽管美国海外净资产为负的 3 万亿美元以上，但其海外净收益是正的 2000 亿美元左右，完全是正常的，并不是像有人认为的那样不合情理。实际上，如果扣除海外美元储备形成的外债，美国海外净资产是正的 3 万亿美元左右，其有很大的海外净收益就好理解了。

（二）人民币国际化的推动策略

我们曾经把主要精力放在海外人民币现钞的收兑和现钞库的建设上，而没有认识到理应限制人民币现钞跨境流动，并大力推动非现钞化的记账清算，实现人民币国际化；我们曾经把主要精力放在人民币离岸中心建设上，而没有充分认识到，在记账清算情况下，所谓人民币流出境外，实际上是人民币的所有权流出，人民币并没有真正流出，而是停留在境内，真正应该建造的全球人民币清算总中心和交易总中心应该是在境内，而不是在境外。

与美元同样的道理，人民币走出去被境外所拥有的越多，中国的人民币外债就会越大，但境内金融机构的资金实力（与境外机构比较）也会越强，人民币国际化的发展，将给国家外汇管理、外债管理、海外资产负债管理等方面带来新的变化和挑战；支持人民币（所有权）走出去，实现人民币国际化，并防止由于人民币大量流出造成境内流动性大幅波动、金融市场剧烈动荡，最重要的应该是加快金融交易市场的建设和开放，推动金融交易（包括大宗商品及其衍生品交易）更多地以人民币计价和清算，通过国际金融中心建设和人民币国际化的交互发展和相互促进，切实增强中国金融的综合实力和国际影响力。

应该清楚的是，人民币国际化的基础是国家整体实力和国际影响力，重点在国内，而非境外；中国金融综合实力和国际影响力的增强，重点在金融交易市场的发展和开放，而不是简单的金融机构的增加和开放；中国要实现金融实力和国际影响力世界领先，必须注重以我为主，突出人民币主导地位的新型国际货币和金融体系的建设，应该围绕中国发起和大力推动的"一带一路"新型全球化发展模式，加快推动开放的亚洲基础设施投资银行、丝路基金、金砖国家开发银行等配套金融体系建设，加快推动石油、铁矿石等大宗商品以人民币计价和清算的现货与期货及其衍生品交易的发展等，有效扩大人民币的国际应用。

同时，人民币越来越多地成为其他国家货币储备，中国人民币的外债就会越大，对外汇使用和储备的替代作用就越强，对整个国家外汇储备管理、海外资产和负债管理、人民币货币投放与总量控制、中国国际金融中心建设等都将产生深刻影响，需要切实改进和加强境外人民币的统计和监管，甚至可以考虑在核算上将境内一般人民币与境外国际化人民币使用不同的货币代码加以区分，以便更清晰便捷地对境外人民币进行统计和监管。

（作者系中国银行原副行长）

货币政策的传导机制：央行支付系统视角

贾卢魁　王　军　冯鹏杰

货币政策是宏观经济调控的重要工具，对经济发展和金融稳定具有关键作用。随着经济结构的变化和科学技术的发展，作为商业活动载体的支付行为在内容和形式上都有了巨大的变化。这种变化也使得我们需要从央行支付系统这一全新视角来审视和研究货币政策的传导机制。

一、货币政策传导机制

货币政策的传导机制是宏观经济研究的最重要课题之一，也是货币政策制定与执行以及对货币政策的实际效果进行量化分析的重要基础。因此，各国中央银行、货币当局和研究机构在很长的时间里作出了丰富的研究成果。在这里我们对其中一些重要的文献进行讨论和分析，力争从一个更清晰、更全面的视角来审视货币政策在经济体内的传导机制。

（一）传统理论框架

在宏观经济学理论中，货币具有三个基本职能：交换媒介、计价单位和价值贮藏。早期的货币理论普遍将焦点集中在货币的交易媒介属性上，经过几个世纪的发展逐渐形成了古典货币数量论。这一理论的主要成果是费雪的交易方程（Fisher，1911）：$MV=PT$，$M^d=\frac{1}{V}PT$。其中，M 是货币数量，V 是货币流通速度，P 是整体价格水平，T 是总交易量，M^d 则代表了货币的需求。由此可见，经济体内微观主体对货币的需求仅由交易动机决定，名义货币需求总量与交易价格和交易量成正比，而与货币流通速度成反比。古典货币数量论进一步假定，货币流通速度 V 在短期内是常数，因此，在交易量不发生剧烈变化的情况下，货币数量的增加仅会导致价格的上升。这一理论虽然非常片面，但其影响持续至今。在此基础上，剑桥学派拓展了对货币职能的考察，将计价单位和价值贮藏职能引入古典货币数量论之中。其代表就是 Marshall（1933）和 Pigou（1929）提出的现金余额数量论（Cambridge Cash-Balance Approach），将价值贮藏功能引入货币需求分析中，形成了著名的剑桥方程：$M=kPY$。方程中，Y 代表总产量，k 则代表社会总财富中以现金形式持有的比例，与货币流通速度 V 一样在短期内是定值。这一方程表明，货币需求与名义收入和财富水平成正比。

古典货币数量论为研究货币需求进而制定相应的货币政策提供了量化分析的工具，但是存在很强的片面性和局限性。古典货币数量论所代表的货币中性思想切割了货币政策与实体经济间的动态联系，使之无法有效研究货币政策对微观主体消费和投资行为的影响，也无法实现对货币政策传导机制的有效分析。现代意义上的货币政策分析框架，可以认为是从凯恩斯经济学的诞生和发展开始的。凯恩斯（1936）提出了流动性偏好理论，创造性地将利率这一核心变量引入货币政策分析中，建立了货币政策传导机制的利率渠道（Interest Rate Channel）。通过建立在凯恩斯经济学基础上的IS–LM 模型，货币当局通过影响利率 r 来实现对投资的调整，进而影响总产出：

$$M \uparrow \to r \downarrow \to I \uparrow \to Y \uparrow$$

在传统的凯恩斯模型中，只考虑了债券市场，Tobin（1969）将其扩展且包括了股票市场：

$$M \uparrow \to P_s \uparrow \to q \uparrow \to I \uparrow \to Y \uparrow$$

式中，P_s 是上市公司股票价格，q 是公司市值与重置成本的比值。

凯恩斯主义的货币政策制定机制主要建立在菲利普斯曲线所描述的失业率与通货膨胀率的替代关系的基础上。通过研究 1861—1957 年英国失业率和货币工资变动率，菲利普斯（1958）发现失业率与货币工资变动率呈反比关系。Samuelson 和 Solow（1960）将这一关系拓展为失业率与通货膨胀率之间的替代关系，这也成为西方各主要经济体在 20 世纪 70 年代滞账出现之前货币政策制定和执行的核心依据。

20 世纪 70 年代出现的滞账，从实证上对凯恩斯经济学提出了挑战。同时，在理论上以 Lucas（1976）和 Friedman（1965，1970，1977）为代表的新古典主义和货币主义开始逐步受到认可和接受。其主要思想是，长期来看货币是中性的，因此长期菲利普斯曲线是一条直线，并不存在通货膨胀率与失业率之间的替代效应。货币的数量总体上应与社会总财富呈稳定的正比关系，因此，最优的货币政策应该是保持货币供应量的增长幅度与经济体的长期均衡增长率一致。受到货币主义思想的影响，20 世纪 70 年代至 80 年代，以英国和美国为代表的中央银行采取了以货币数量为锚的货币政策框架。但是在实践中，由于金融市场的快速发展，金融创新以及金融深化的进行，货币数量的度量越发困难。同时，货币数量与经济活动之间的关系也变得更加模糊和不确定，于是基于货币数量论的货币政策制定和分析机制并没有很好地控制通货膨胀。因此，美联储和英格兰银行先后退出了以货币数量为锚的货币政策体系。各国中央银行和学者逐渐将重点放在了我们下面将要介绍的新主流宏观经济模型上。

（二）现代主流理论框架

如上所述，目前学术界和各国中央银行普遍接受的宏观经济理论框架是新主流宏观经济学（New Consensus Macroeconomics，NCM or New Wicksellian Macroeconomics，NWM）。Blanchard（1997）认为这一理论框架融合了新古典主义经济学中微观主体的理性预期和垂直的长期菲利普斯曲线等思想以及凯恩斯经济学中短期价格刚性的思想，成为目前宏观经济学的主流理论模型[1]。基于 NCM 的实证模型——动态随机一般均衡（Dynamic Stochastic General Equilibrium，DSGE）模型成为西方各主要中央银行的宏观经济分析模型，如表 1 所示。

表 1　DSGE 模型在各机构中的应用

货币当局（Monetary Authority）	DSGE 模型
欧洲中央银行	NAWN
美联储	SIGMA
国际货币基金组织	GEM，GFM，GIMF
英格兰银行	BEQM
加拿大银行	ToTEM
智利中央银行	MAS
瑞典银行	RAMSES
秘鲁中央银行	MEGA-D
挪威中央银行	NEMO

资料来源：Tovar（2008）。

　　基于现代主流理论框架的货币政策传导机制研究，拓展了原有的标准利率传导渠道，引入了金融市场、房地产市场和外汇市场。因此，现代的货币政策传导机制包括利率渠道（Interest Rate Channel）、资产价格渠道（Asset Price Channel）[2]以及信贷渠道（Credit Channel）。Taylor（1995）使用 NCM 框架分析了货币政策通过金融市场价格（包括长期利率和汇率）的传导机制，得出了与事实拟合程度较好的结果。Mishkin（2001）考察了货币政策在利率渠道之外，通过资产价格的传导机制。这一研究主要考察了三个子市场：股票市场、房地产市场和外汇市场。研究表明，货币政策通过股票市场的传导机制[3]主要体现为投资效应（Tobin's q Effects）、企业的资产负债表效应（Firm's Balance-sheet Effects）、家庭的资产负债表效应（Household Liquidity Effects）以及家庭财富效应（Household Wealth Effects）。货币政策在房地产市场中的传导机制直接影响居民住房消费（Direct Effects on Housing Expenditure），产生居民财富效应（Household Wealth Effects）和银行的资产负债表效应（Bank's Balance-sheet Effects）。货币政策的汇率传导机制主要包括对净出口的影响效应（Exchange Rate Effects on Net Exports）、汇率的资产负债表效应（Exchange Rate Effects on Balance Sheets）。Bernanke 和 Gerteler（1989）及 Bernanke 等（1998）将信

[1]这一理论模型所包含的货币政策是以泰勒规则（Taylor Rule）为利率调整机制的通胀定标（Inflation Targeting，IT）。关于通胀定标的讨论可见 Arestis 和 Sawyer（2008）。

[2] Mishkin（2001）认为，这里的资产价格包括股票价格、房地产价格以及汇率。

[3]也可见 Ehrmann 和 Fratzscher（2004）的研究。

息不对称性引入构建了动态模型，得出了货币政策在金融市场中的加速器效应（金融加速器模型，Financial Accelerator Model，FAM），从理论和实践上支撑了货币政策在金融市场中的传导机制。同样，基于信息不完全性（Imperfect Information），Stiglitz 和 Weiss（1988）确立了信贷渠道在货币政策传导中的作用。Hulsewig 和 Wollmershauser（2006）使用 VECM（Vector Error Correction Model）方法对货币政策的传导机制进行了研究，肯定了货币政策的信贷传导渠道。关于货币政策的信贷传导机制，Romer 和 Romer（1993）认为相比利率政策，美联储直接的信贷政策（包括 Special Reserve Requirements，Moral Suasion，以及 Explicit Credit Controls）对银行贷款的影响更大。相似的结论也可以在 Ehrmann 和 Worms（2004）使用 VAR（Vector Auto Regression）模型对德国银行体系的研究中找到。Goodhart 和 Hofmann（2002）通过研究基于 Taylor 规则的英国最优货币政策，指出资产价格在货币政策传导过程中起到重要作用，最优的货币政策应该考虑资产价格因素。[1]关于货币政策在房地产市场的传导机制，Iacoviello（2005）、Iacoviello 和 Neri（2010）通过构建包含房地产市场的 DSGE 模型，量化研究了冲击（包括货币政策冲击）通过房地产市场对微观主体投资和消费的影响，确认了货币政策在房地产市场中的传导机制。

二、央行支付系统数据研究

随着电子信息技术的发展和移动互联网的普及，个体的经济行为模式发生了巨大的变化，尤其是在支付领域。因此，央行的支付数据信息成为研究宏观经济形势和货币政策传导机制的宝贵资源和独特视角。下面我们将从央行支付数据与宏观经济的联系以及央行支付系统与金融发展两个方面进行研究总结。

（一）支付系统与宏观经济的联系

1. 支付系统资金交易与宏观经济发展总量研究

邱云武、黄照影（2008）通过对云南省与全国及西部地区大额支付系统资金流动性的走势、增长率及比重分析，研究区域支付信息与宏观经济、货币政策之间的内在联系，指出支付系统交易金额与国内生产总值有密切的联系，两者之间的关系既反映支付系统对国民经济运转过程中资金清算的处理能力，又反映国民经济增长对支付系统提出的支付需求。王祥峰（2010）以某代表性省份 2005—2009 年支付系统清算资金量、地区生产总值构建线性回归模型进行分析，认为支付系统清算资金量与地区生产总值存在某种意义上的线性关系，拟合优度达 75.56%，说明支付系统成为促进经济发展的有力因素。与此同时，借助支付系统、各种非现金支付工具的推广应用，能够减少使用货币的交易成本，减少现金流通，缩短了区域间的物理间隔，加快了资金

---

[1]对于在制定货币政策时是否应该考虑资产价格因素，目前尚存在较大争论。例如，Mishkin（2001）等研究指出，货币政策对资产价格的反应会加大经济的波动。

周转速度,促进了资金等生产要素的进一步流动。中国人民银行广州分行课题组(2013)利用时差相关分析,定量研究了支付结算数据与经济走势的关系,并基于广东的支付结算数据,构建了地区生产总值同比增速和景气调查企业货币资金同比增速的先行和同步合成指数,并运用该合成指数对宏观经济指标进行了预测,是目前少有的应用支付结算数据对区域经济增长指标进行预测的研究之一。董昀(2016)认为应将支付清算系统数据作为研究中国宏观经济与货币金融运行的基础性数据,全面掌握支付清算数据并加以深入分析,但在利用支付清算数据研究经济运行时还要注意把握其适用边界。例如,在预测因金融市场流动性波动而导致的实体经济波动方面,支付清算指标比较适用。但是,当实体经济本身的创新动力弱化时,由此引发的经济波动就很难用支付清算指标来预测。

2. 支付系统资金流动与区域经济发展的关系研究

欧阳卫民(2010)依据大额支付系统业务信息,对我国资金流动特点和规律做了分析,认为大额支付系统的业务信息在反映我国社会资金流动特点方面具有较强的代表性。刘英(2013)通过协整检验、格兰杰因果检验、脉冲分析对河南省2006年第一季度至2012年第二季度大额支付系统资金流动与经济增长的关系进行实证分析,研究表明,资金流入、资金流出、经济增长指标之间存在着长期的均衡关系,且大额支付系统资金流动和经济增长之间存在单项因果关系,根据脉冲分析,资金流入在两个滞后期后对经济产生助推作用。温秋鹏(2013)以2005年6月至2012年6月陕西省大小额支付系统业务数据为基础,借助资金流动规模、支付业务贡献度等指标,分析陕西省十市之间以及与省外之间发生的支付业务特点和资金流动的关联性,表明在国民经济快速平稳增长时期,国内居民收入、企业利润、财政收入持续增长,宏观经济表现出强劲的增长态势,伴随着的是经济活动频繁、支付交易活跃、支付系统业务量快速增长;相反,当宏观经济不景气时,支付活动减少,支付系统业务量呈下降态势。同时,研究还表明经济区内各城市间的资金流量大,则经济关联度高,经济发展内生动力强劲;经济区与区外经济发生的资金流量大,与区外经济发展关联度较高,则说明经济区发展外向型特征明显。张志军(2012)以鞍山市支付清算系统资金流量变动与鞍山地区经济指标数据变动关系为研究对象,构建了央行支付清算系统资金流动与区域经济指标关系的数学模型,通过分析模型变量关系,认为人民银行支付清算系统的资金流(资金流入、资金流出)与区域经济运行的地区生产总值、CPI等经济指标之间都存在较强的相关关系,模型的拟合优度也都处于较高的水平。但李华、曹冀彬(2013)采用灰色关联度分析方法,衡量支付系统资金流动与区域经济发展之间的关联程度,发现支付系统资金流动与区域经济发展水平之间存在着一定关系,但这种关联关系并不显著,其主要原因,一是区域经济发展的固有特点决定了支付系统不可能完全承担全部资金流动职责;二是区域经济总量与资金流动具有明显的趋势特征差异；三是对于经济增长而言，资金流动并不能独立创造价值，仅是经济增长的必要条件。

（二）支付系统与金融发展

20 世纪 90 年代以来，随着网络信息技术在经济领域获得广泛应用，传统的由包括现金在内的纸质支付工具占支配地位的体系格局逐渐被以电子支付方式为主导的支付体系所取代。时任英格兰银行副行长的 Mervyn King 认为，IT 技术的发展使人们有了足够的计算能力，私人部门之间的最终清算支付将通过实时转移财富的方式完成，中央银行基础货币及货币政策操作将相应地退出历史舞台。此后，学界围绕私人电子货币能否取代中央银行货币，以及中央银行基础货币需求下降甚至消失背景下的货币政策操作问题，进行了长期的争论。

随着相关研究进一步深化，学界逐渐形成共识：以电子支付方式为主导的支付体系发展将对货币政策的制定、实施和效果产生重要影响。在理论研究方面，目前普遍认为电子支付通过改变货币的供给和需求，进而对货币政策的传导效果产生影响。苏磊（2008）在电子货币发行影响中央银行基础货币结构进行会计分析的基础上，探讨电子货币发展及其对中央银行基础货币供给造成的影响，包括导致流通中货币持续减少、中央银行铸币税收入减少、中央银行资产负债表结构性变化等。黄觉波和万庆（2008）认为支付体系的发展影响我国货币供给的结构，使得中央银行实施货币政策面临着极大挑战。查全亚（2008）以江苏省的经济发展现状为基础，通过深入挖掘现代化支付体系的信息资源，探索现代化支付体系建成运行与银行体系流动性和货币政策传导之间的联系。庞贞燕和王桓（2009）认为支付技术直接影响了货币的可接受性、货币结构、货币的需求和供给。方轶强（2010）认为支付系统的发展提高了资金周转效率，增加了银行体系的流动性，支付系统发展将弱化法定存款准备金率提高的效果。王小瑞（2011）从经济学相关的货币理论入手，分析电子货币对中央银行的挑战，进一步分析电子货币对货币需求及供给的影响，进而研究其对货币政策的中介指标、货币政策工具、政策传导和政策独立性的影响。蒋少华（2013）认为电子支付发展会改变人们持有金融资产的形式和结构，对货币供给层次的结构和规模、货币乘数和货币流通速度都会产生一定影响，进而影响中央银行货币政策的制定实施和有效运行。张文庆、李明选和孟赞（2015）认为互联网金融的发展会改变货币的流通速度和流通方式，影响到货币的供给和需求，进而会对传统的货币政策效果产生影响。

在实证研究方面，电子支付对货币政策实施效果影响的定量分析也较为丰富，构建各种经济模型的方法值得参考借鉴。周光友（2007）选取我国 1990—2004 年电子货币的样本数据，以及电子货币与货币乘数相关的变量，建立计量经济模型，对电子货币与货币乘数的相关性进行了统计检验。其结论认为，电子货币对货币乘数具有放大效应，增强了货币乘数的内生性，加大了中央银行控制货币供给的难度，从而降低了货币政策的有效性。盛松成和方轶强（2009）研究发现，为达到相同的货币供给量目标，支付系统运行效率越高，公开市场操作投放（或回笼）的基础货币就越少。我国公开市场操作对货币供给量变化的影响存在时滞，公开市场操作当期并没有引起同期货币供给量显著变化。而支付系统运行效率不但对同期货币供给量变动有影响，而且对以后几期的货币供给量变动仍有影响。陈仲常、李志龙和夏进文（2010）在推导电子支付体系下货币乘数公式的基础上，选取中国电子支付工具的相关样本数据建立计量经济模型，对电子支付工具与货币乘数的相关性进行了统计检验，认为电子支付工具扩大了货币乘数，且缩短了货币乘数实现的时滞。崔敏杰和付志（2011）基于乔顿货币供给模型，分别从基础货币和货币乘数两个角度分析了电子货币对货币供给的影响，对电子货币发展提出了未来设想。周鹏博（2012）从支付结算的角度出发，分析了预微调机制的提出背景，探讨了支付清算安排与预微调之间的理论关系，采用 Panel Data 模型证实了通过支付清算安排为货币政策预微调提供借鉴依据的可行性。刘伟松（2014）通过引入大额支付系统指标对我国货币需求和供给函数进行了实证分析，并通过协整检验的方法建立了货币需求和供给的长期均衡方程，分析支付系统对我国货币需求和供给的长期影响，同时构建了误差修正模型，对我国货币需求和供给的短期影响进行了分析。结论认为，支付体系的发展促进了非现金支付工具的使用，进而影响我国货币供给和需求的结构；我国现代化支付系统实现了资金清算的实时到账，资金周转速度加快，从而影响整个社会货币的供给和需求；支付体系的创新发展降低了支付成本，提高了资源配置效率，进而影响人们的货币需求结构。方兴和郭子睿（2017）利用北京大学互联网金融指数，借助时变 TVP-VAR 模型，研究第三方支付对我国货币流通速度以及货币政策有效性的影响。研究认为，第三方支付与电子货币的应用与货币流通速度正相关；第三方支付对货币政策的影响具有不确定性，从产出渠道来说增强了货币政策有效性，而在价格渠道上则削弱了货币政策的有效性。面对第三方支付的冲击，我国中央银行及监管部门亟待完善相关监管政策，建立电子货币流通监控机制，提升货币政策的有效性。林巧、朱恩文和陈黎（2017）以中国人民银行长沙中心支行大额支付系统的资金流量变动与湖南省经济指标 CPI 之间的关系为研究对象，构建两者的关系回归模型，实现对湖南省 CPI 的预测。

但是，在电子支付对货币政策实施效果影响的基础上，提出中央银行货币政策制定、实施方向建议的文献却不多。赵平（2006）认为在"货币—银行"电子化的背景下，随着货币需求的利率弹性增强，利率在货币政策操作框架中的地位将会明显提高。周金黄（2007）探讨了现代支付体系中中央银行货币政策机制的转变及其运行原理，认为随着以电子支付方式为主导的支付体系的形成，中央银行对短期利率和市场流动性的调节将越来越以一国的重要大额支付系统为依托。现有文献在这方面的论述仍是点到即止，没有进行深入探讨和提出具体政策建议。

三、总结与展望

货币政策在国民经济中的作用重大，对于货币政策传导机制的研究一直是现代宏观经济学的前沿课题。经过长期的发展，现代主流宏观经济理论已经将一部分微观主体信息引入了宏观经济模型中来实现对货币政策传导机制的动态研究，并取得了很好的政策效果（秉承通胀定标的各西方主要经济体在过去 20 多年的时间里基本达到了温和的通胀水平）。但是，最近一次发生的国际金融危机及其引发的全球经济衰退对目前主流宏观模型及其背后的理论框架提出了严峻挑战。对于已有理论框架和宏观模型的批评主要集中在微观主体异质性与合成加总谬误这两个方面，这也成为理论突破的重点和难点。随着我国电子支付清算系统的建立与发展，央行支付清算数据使我们从微观层面考察居民、企业支付行为模式进而研究货币政策的传导机制成为可能。

本文总结了宏观经济模型中货币政策传导机制的研究成果以及使用央行支付大数据进行宏观经济研究的实践。总体而言，使用央行支付数据进行宏观经济研究目前还处于起始阶段，已有的研究成果非常有限，也是理论和实践中急需开展的研究课题。结合我国央行支付系统的具体情况，我们认为使用央行支付数据对货币政策传导机制进行建模研究应该从货币需求函数入手，这也与支付数据所对应的货币的交易媒介属性有关。同时，我们可以利用央行支付系统中的商业银行交易数据来刻画货币政策在银行体系内的传导机制，特别是关注央行的差别化货币政策对不同商业银行的影响，以评估货币政策的实际执行效果。

（贾卢魁系中国人民银行金融研究所与中国人民银行清算总中心联合培养博士后；王军工作单位：中国人民银行广州分行；冯鹏杰工作单位：中国人民银行支付结算司）

浅析大数据技术对支付清算系统的影响

曾菊儒

随着科技的发展和人民生活水平的不断提高，移动智能终端逐渐成为人们日常生活中通信交流、休闲娱乐及支付的设备。其中，基于支付清算系统的大数据技术正在成为研究热点。协调和处理二者之间的关系对大数据技术在支付清算系统乃至整个金融行业中的大规模安全使用具有重要意义。然而，支付大数据的多"V"特征使得大数据技术在具体应用中面临诸多挑战。

一、大数据和支付清算系统概述

（一）大数据的概念

大数据（Big Data）是指具有海量（High Volume）、高增长率（High Velocity）、多样化（Variety）和真实性（Veracity）特征的信息资产，需要特定的技术和分析方法才能将其转化为价值（Value）。换句话说，在短时间内无法用常规软件工具对大数据集合进行撷取、管理和应用，新处理模式具有更强的决策力、洞察发现力和流程优化能力。

大数据的5"V"特征：第一，数据体量巨大。其体量从TB级别，到超过PB级别，继而达到ZB级别，2020年全球信息量预计将达44 ZB。第二，数据增长快。大数据包括快速增长的网络日志、图片、视频、地理位置信息等。第三，多样化。大数据不仅有日志、图片和视频等不同类型，而且数据通常来自不同的数据源。信息的完整性和可靠性将直接影响分析结果的准确性。第四，真实同一性。大数据往往与具体的人、机或物相关联，其生产关系具有一一对应的属性。第五，价值密度低。以视频为例，在连续不间断的监控过程中，有用的数据也许仅有几秒钟。

大数据包括结构化数据、半结构化数据和非结构化数据。其中，非结构化数据越来越成为数据的主要部分。以 Teradata 为例，2008 年以前存储的数据类型 100% 属于结构化的关系数据，2008 年以后，Teradata 开始大量添加非结构化数据类型，包括 XML、JSON 和 Avro。互联网数据作为大数据的重要组成部分，增长速度和价值体现都在逐渐加强。2011 年 IDC（Internet Data Center）的调查报告显示：企业中 80% 的数据都是非结构化数据，这些数据每年都按指数增长 60%。2016 年中国 IDC 市场继续保持高速增长，市场总规模为 714.5 亿元人民币，同比增长 37.8%。移动互联网和视频行业呈现爆发式增长，游戏等行业增速稳定，这些领域客户需求的增长拉动了 IDC 市场整体规模。2016 年全球 IDC 市场规模达到 451.9 亿美元，增速达 17.5%。从市场总量来看，美国和欧洲地区占据了全球 IDC 市场规模的 50% 以上。从增速来看，亚太地区继续在各区域市场中保持领先，其中以中国、印度和新加坡增长最快。

（二）大数据技术

大数据是数据分析的基础。总体而言，大数据技术包含 5 个核心部分：第一，数据采集。以实时 / 离线模式从各个数据源采集数据到大数据系统，为后续的实时 / 准实时在线分析系统和离线分析系统提供数据基础。主要工具有 Flume 和 Kafka 等。第二，数据存储。目前，在大数据存储方面，关系型数据库与非关系型数据库处于共存状态。主要原因是传统的关系型数据库在应付超大规模和高并发的 SNS 类型的 web 2.0 纯动态网站时遇到很多问题，而 NoSQL（Not only SQL）数据库解决了大规模数据集合多源异构性带来的挑战，包括 MongoDB、Google GFS 和 Hadoop HDFS 等。第三，数据清洗。通过清洗，去掉一些不需要的信息，尽量保持所有数据源的抽取程序版本一致。数据清洗通常需要进行数据关联。目前比较流行的软件有面向 Python 语言的 Pandas 和面向 R 语言的 Dplyr。第四，数据挖掘。预测分析是一种主要的数据挖掘方案，可在结构化数据和非结构化数据中使用算法和技术，进行预测、预报和模拟。当前较为流行的预测分析工具当属 IBM 公司的 SPSS（Statistical Product and Service Solutions）和美国北卡罗来纳州立大学于 1966 年开发的统计分析软件 SAS（Statistical Analysis System），它们均集数据录入、整理、分析功能于一身，分析结果清晰、直观。第五，数据可视化。数据可视化成为研究数据展示、数据处理、决策分析等一系列问题的综合技术。目前正在飞速发展的虚拟现实技术也是以图形图像的可视化技术为依托。可视化能够把大数据变为直观的甚至是个性化定制的图形图像，帮助数据挖掘、模拟和计算。代表工具有 Google Chart Tools 和斯坦福大学的 Tableau。

（三）支付清算系统

支付清算系统（Payment and Clearing System），也称支付系统（Payment System），

是由提供支付服务的中间机构、管理货币转移的法律法规、实现支付指令传递及资金清算的专业技术手段共同组成的，用以实现债权债务清偿及资金转移的一系列组织和安排。支付清算系统是金融市场基础设施[1]的重要组成部分。

2018 年第三季度支付业务统计数据显示，全国支付体系运行平稳，社会资金交易规模不断扩大，支付业务量稳中有升。2018 年第三季度，全国共办理非现金支付业务[2] 579.85 亿笔，金额 925.46 万亿元，同比分别增长 33.31% 和 0.18%，环比分别增长 8.67% 和 -2.76%。支付系统[3] 共处理支付业务 569.99 亿笔，金额 1606.54 万亿元，同比分别增长 185.82% 和 14.87%，环比分别增长 92.97% 和 8.89%。

2010 年至 2018 年第三季度全国非现金支付业务和支付系统支付业务统计数据对比情况分别如表 1 和表 2 所示。2010 年至 2018 年第三季度，全国非现金支付业务复合增长率为 16.36%，支付系统支付业务复合增长率为 16.01%。两者的复合增长率均在 2015 年达到峰值，笔者认为这与 2015 年 11 月 3 日发布的《中共中央关于制定国民经济和社会发展第十三个五年规划的建议》（以下简称《建议》）存在某种必然联系。《建议》提出，拓展网络经济空间，实施国家大数据战略，推进数据资源开放共享，支持基于互联网的各类创新。专家认为，这是我国首次提出推行国家大数据战略。尽管随着大数据技术和电子支付的发展，支付业务增速有所放缓，但在体量大的情况下仍然能够保持正向增长。如同企业生命周期一样，大数据技术与支付清算系统共同经历了幼稚期（20 世纪 90 年代起）、成长期，正步入成熟期（2016 年至今）。对于成熟期的系统和技术，容易出现系统僵化和技术停滞问题，此时更需不断学习和创新。

表 1　2010 年至 2018 年第三季度全国非现金支付业务
统计数据对比情况

单位：%

时间		2010 年	2011 年	2012 年	2013 年	2014 年	2015 年	2016 年	2017 年	2018 年前三季度
笔数	同比	32.39	19.92	23.90	20.49	26.33	51.74	33.43	32.55	33.31
	环比	4.54	4.73	6.30	5.24	7.77	6.90	17.66	17.88	8.67
金额	同比	28.42	21.57	16.0	25.87	10.92	87.72	5.08	2.26	0.18
	环比	8.33	7.37	6.37	6.27	0.39	0.82	-3.92	-2.74	-2.76

资料来源：中国人民银行支付结算司。

---

[1] 金融市场基础设施是指参与机构（包括系统运行机构）之间，用于清算、结算或记录支付、证券、衍生品或其他金融交易的多边系统，包含重要支付系统、中央证券存管、证券结算系统、中央对手方和交易数据库五类金融公共设施。

[2] 非现金支付业务包含票据、银行卡及其他结算业务。其中，其他结算业务包含贷记转账、直接借记、托收承付及国内信用证业务。

[3] 包含大额实时支付系统、小额批量支付系统、网上支付跨行清算系统、同城清算系统、境内外币支付系统、银行业金融机构行内支付系统、银行卡跨行支付系统、城市商业银行汇票处理系统和支付清算系统、农信银支付清算系统、人民币跨境支付系统、网联清算系统。

表 2　2010 年至 2018 年第三季度支付系统
支付业务统计数据对比情况　　　　　单位：%

时间		2010 年	2011 年	2012 年	2013 年	2014 年	2015 年	2016 年	2017 年	2018 年前三季度
笔数	同比	41.75	21.75	24.0	21.74	32.79	55.33	23.80	29.39	185.82
	环比	23.10	8.29	7.81	4.57	9.81	11.28	11.89	7.82	92.97
金额	同比	35.14	13.11	28.10	13.43	21.50	24.98	19.22	4.03	14.87
	环比	17.60	4.68	4.90	1.39	4.06	2.48	6.67	7.41	8.89

资料来源：中国人民银行支付结算司。

2018 年 11 月中国人民银行清算总中心支付业务[1]统计数据显示，清算总中心支付系统交易额占全国支付系统支付业务量的近八成。业务笔数与前期基本一致，支付清算业务金额略有浮动，周环比浮动区间为 –3.18%~4.47%。其中，包含"双十一"在内的记费周（11 月 5 日至 11 月 11 日）交易额不增反减，同比下降 1.24%，与现行中低端消费更多采用第三方支付及网联系统形成对比。月末周（11 月 26 日至 12 月 2 日）增长幅度较大，为 4.47%。大小额日均交易量约为 2006 年 6 月的 17.5 倍，复合增长率为 26.87%。网银系统直接参与者和大小额系统间接参与者稳中有升，后者日均增加约 11 家且集中在相对闲暇的月中时段，该现象或许与参与机构月末清算有关。支付系统整体运行稳定，性能峰值未达警戒值。

二、支付大数据应用现状及不足

支付系统作为我国重要的金融市场基础设施，是全社会支付交易的支撑平台，系统运行产生和积累的支付业务数据蕴含丰富的价值。中国人民银行清算总中心于 2018 年 10 月上线了大数据基础服务平台，第一期的建设目标是实现支付系统交易数据"存得下、查得出"，通过导入支付系统交易历史数据，利用大数据集群提供的数据存储和数据访问能力，提供明细查询、汇总查询和统计等功能。

支付系统交易数据与大数据结合已具备了良好的基础，面临难得的发展机遇，但仍然存在不少困难和问题，主要体现在以下几个方面。

（一）数据维度低

数据来源、数据维度和数据类型不丰富，数据采集时效性不足，部分数据质量有待提升，导致数据分析和应用场景受限。

---

[1]包含大额实时支付系统、小额批量支付系统、全国支票影像交换系统、境内外币支付系统、电子商业汇票系统和网上支付跨行清算系统。中国人民银行 2015 年 10 月推出的人民币跨境支付系统，虽然没有在清算总中心支付系统的名单之内，但也应当是清算总中心直接负责管理的金融基础设施之一。

（二）数据服务能力差

服务能力和计算能力尚未形成。数据基础服务、可视化、实时计算、知识图谱、认知计算等能力还未构建，数据应用缺乏数据服务能力支撑。

（三）数据应用场景缺失

目前数据应用水平不高，数据应用程度不深。

（四）数据管理能力弱

对数据标准和质量的管理制度和流程尚未完善，数据管理水平有待提升。

三、支付大数据遵循的原则

（一）问题导向，注重实效

以提升业务决策能力、解决业务痛点等需求问题为导向，以服务为目的，结合大数据等新兴技术，突出重点，注重实效，提高支付系统数据使用及分析能力，增强数据的可靠性、可用性、可控性和可拓展性。

（二）整合资源，协同业务

充分利用生产系统和支付数据平台的软硬件资源，完成数据的分析、处理和展现功能。基于行内大数据应用开发平台进行大数据平台建设，遵循大数据应用开发平台的开发规范。加快推进数据资源整合，实现业务协同。

（三）系统布局，规范有序

制定有针对性的系统发展策略。充分发挥支付清算系统数据的优势，创新能力建设、体制机制改革和政策环境营造协同发力。妥善处理应用发展与保障安全的关系，增强安全技术支撑能力，有效保持系统稳定和信息安全。

（四）科技引领，开放共享

把握大数据技术发展趋势，突出研发部署前瞻性，全面增强大数据应用开放平台原始创新能力，加速构筑先发优势，实现高端引领发展。倡导开源共享理念，促进产学研用各创新主体共创共享。

四、支付大数据业务场景

（一）决策支持

宏观经济分析和预测。以支付系统数据为基础，结合外部数据（如进出口、海关、装备制造业的真实数据），分析国家宏观经济发展形势，预测国民生产总值、国民收入和社会总需求的情况，预测财政、信贷、税收、储蓄等因素的变动等。分析货币政策在金融机构内的传导机制及其动态效用。

区域经济分析和预测。在特定的区域空间范围内，以支付系统数据为基础，结合外部数据，分析区域经济热度、预测区域经济发展和影响因素等。

行业市场分析和预测。分析行业市场发展现状、热度和未来发展趋势，以及影响因素等。

（二）用户服务

企业经营分析和预测。根据企业一定时期的支付系统数据、交易对手、上下游数据，给出企业、行业的对应评级或活跃度，侧面反映企业的运营情况，同时还可以分析识别企业洗钱行为，为金融稳定部门、信贷部门、统计部门及商业银行提供参考。

资金流动性分析。分析和预测资金流动性，实现资金流动性节约、促进资金流动等目的。

个性化服务。运用大数据技术，洞察客户意图，智能提取关键要素，实现跨系统联动及交易智能匹配；根据用户偏好提供量身定做的支付组合方案。

（三）运营支撑

支付业务发展分析和预测。对支付系统业务进行分析、预测发展趋势和影响因素，如预测外部事件、外部行业发展趋势等对支付系统业务发展的影响。

IT 运营分析和预测。从 IT 运营发展层面进行分析和预测，如对日志数据、运维监控层面数据进行分析，提供资源预警和推荐扩容方案，对交易系统进行业务处理和性能分析与预测等。

支付能力提升。利用大数据、生物识别技术，面向用户整合支付、融资等服务，提供生活、消费、金融一站式服务。

（四）风险控制

流动性风险。这主要包括资产流动性风险和负债流动性风险，除了商业银行的流动性风险外，还综合信用、市场、操作等领域风险。

市场风险。这是指由于基础资产市场价格的不利变动或者急剧波动而导致衍生工具价格或者价值变动的风险。基础资产的市场价格包括市场利率、汇率、股票、债券行情的变动。

信用风险。通过分析企业上下游资金、产业链等数据，监测企业和行业信用风险，甚至国家信用风险。

操作风险。对内部业务环节存在的风险点进行监测、识别和提取风险事件，通过不同的风险模型提取日常业务处理中存在的异常与问题，实现规范性监督，并逐步由规范性监督向风险性监督转变。

信息科技风险。监测和分析支付系统在运用和运行过程中，由于自然因素、人为因素、技术漏洞和管理缺陷产生的操作、法律和声誉等风险。

五、支付大数据研究思路

（一）技术思路

合理规划架构设计与技术选型，支持多源异构数据导入，即支持从各个系统日志、数据库、第三方数据源等导入数据到大数据应用规划平台，打造联通化的基础平台。数据标准化封装与体系化开放，支撑快速的数据转化、业务建模和固化，实现拓展性强的数据应用体系。紧密结合支付数据与大数据技术，支持多 ETL 任务自动生成、分布式运行、一体化监控，实现可靠性高的数据管理体系。

（二）业务思路

不断增强大数据应用规划平台实时采集、实时计算和实时共享能力，提升业务的时效性。在量化层面统一标准的基础上，充分平衡数据的标准化要求和个性化需求，满足各内外部用户对数据定性的多元化需求。集中参与者视图、数据展现界面定制化等举措，实现大数据价值呈现，提升客户服务能力、风险控制能力和运维管理能力。

（三）跨界思路

坚持创新、协调、开放、共享的发展理念。以强化大数据业务创新发展能力为核心，以推动数据开放与共享、加强技术产品研发为重点，以提升安全保障能力为支撑，打造应用、数据、技术与安全协同发展的自主产业生态体系。全面提升大数据的技术支撑能力、资源掌控能力和价值挖掘能力。

六、支付大数据研究方案

（一）对比分析，引进吸收

结合国内外支付系统数据的使用现状和交易数据特征，对比分析各系统的优缺点，本地化大数据应用平台构建方案。

（二）业务实施，相辅相成

初期以数据整合、实施为主，以数据服务、业务为辅。构建大数据应用平台的整体架构与推进业务系统发展及数据共享建设协调发展。

（三）深化应用，创新驱动

深入了解用户需求，及时收集用户反馈意见，不断深化应用。密切跟踪金融科技发展趋势，挖掘数据价值，促进金融科技与数据价值相互融合。

七、小结

金融行业大数据应用在运行管理、风险监测、指数预测方面已有较大的发展，而在业务风险监控、智能服务方面仍需努力创新。作为国家级的支付系统，建设前期首要考虑的是系统安全，其次是系统效率，之后才是业务创新。而随着中国逐步走上高质量发展与金融改革开放之路，支付系统的后期发展必将致力于决策支持和个性化、智能化增值服务。

支付大数据应用研究从易到难存在以下递进关系，首先是日志监控、风险控制、运营支撑，然后是结构调整、程序精简，最后是全面的经济指数预测。

在大数据技术方面，金融科技公司拥有强大的创新能力。因此，金融创新不再局限于银行机构，它允许外部参与者进入。金融科技公司和传统支付清算系统开展合作能够确保金融业持续创新。

（作者系中国人民银行金融研究所与中国人民银行清算总中心联合培养博士后）

欧盟对包括金融科技在内的
支付业务的监管规定

陈顺殷

2015 年 11 月 25 日，欧洲议会和理事会颁布了用于监管支付服务的《指令（欧盟）2015/2366》［DIRECTIVE（EU）2015/2366］（以下简称《指令》）。《指令》是在修改《指令 2002/65/EC》《指令 2009/110/EC》《指令 2013/36/EU》和《（欧盟）1093/2010 号监管规则》［Regulation（EU）No 1093/2010］基础上形成的，《指令》共有 117 条条款和 2 个附件。《指令》的生效时间为 2016 年 1 月 12 日，正式执行实施时间是 2018 年 1 月 13 日。

《指令》对支付体系中的不同参与者的作用作出清晰定义，支付服务提供者（Payment Service Provider，PSP）是其中一个重要参与者。按《指令》的定义，PSP 是指在支付领域提供范围广泛和系列性服务的参与者的统称。PSP 可以是账户服务提供者，不但提供账户服务，而且还提供支付账户。在许多情况下，一个 PSP 会是一家银行，或者会是一家在支付领域中像银行一样运营的支付机构（Payment Institution，PI）。不过，这样的 PI 从事支付服务必须事先获得《指令》所规定的授权。《指令》在其第 1 条就明确规定受《指令》约束的机构包括：（1）信贷机构（Credit Institutions）；（2）电子货币机构（Electronic Money Institutions）；（3）邮局转账机构（Post Office Giro Institutions）；（4）支付机构（Payment Institutions）；（5）欧洲中央银行和欧盟成员国国家中央银行及其区域所在地授权机构（the ECB and National Central Banks Member States or Their Regional or Local Authorities）。

《指令》不但对支付领域的参与者作出明确定义，而且还清晰界定支付服务使用者（用户）和提供者的权利与义务及与所提供的服务相对应的成本透明度的若干条件（第 1 条）。按《指令》第 2 条的规定，《指令》适用于在欧盟的支付和某些"一脚在欧盟"（One Leg is in the EU）的跨境支付。

同时，《指令》附件一也把《指令》第 3 条和第 4 条所指的支付服务（Payment Services）明确为：

1. 使现金能够存入支付账户以及操作支付账户所需的所有操作的服务。

2. 支持从支付账户中提取现金以及操作支付账户所需的所有操作的服务。

3. 支付交易的执行，包括在支付服务提供者的支付账户或另一支付服务提供者的支付账户上转移资金（转账）。

    a. 执行借记，包括一次性借记；

    b. 通过支付卡或类似设备装置执行支付交易；

    c. 执行贷记转账，包括常设贷记指令。

4. 执行由支付服务用户授信额度支出的支付交易：

    d. 执行直接借记，包括一次性借记；

    e. 通过支付卡或类似设备装置执行支付交易；

    f. 执行贷记转账，包括常设贷记指令。

5. 支付工具的签发（发行）和 / 或获取支付交易。

6. 汇款。

7. 支付发起服务。

8. 账户信息服务。

《指令》第 3 条也明确从（a）到（m）的 13 种支付不适用于《指令》的监管规定。其中最具代表性的情况包括：（1）以传统纸质为基系统（现金、支票、旅行支票、现金对现金、现金对外币汇票、现金提取）；（2）支付功能是服务提供者附带服务（如代理为其委托人购买货物而进行的支付）；（3）有关支付仅限于某种局部网络环境（如商店卡）或与购买数码物品相关的支付（如通过电话账单支付）。

按《指令》的上述定义，包括金融科技（FinTech）企业或机构在内的上述五种机构，从事上述定义的支付业务自然要遵守《指令》的相关监管规定。以下是《指令》对包括金融科技企业或机构在内从事支付服务的机构须遵守的最为核心的监管规定。

第一，授权与通行证（Authorization and Passporting）。除《指令》第 3 条所列的支付服务外，《指令》第 37 条规定，只有获授权的支付机构才能获准提供支付服务。每一支付机构必须在最少一个成员国注册成立，且必须向注册地当局申请获取相关授权（第 5 条）。《指令》第 29 条至第 31 条明确规定：所有支付机构必须接受监管机构的持续监管，且只能在其获授权的地域或被称为"所在成员国"（Home Member State）提供相关支付服务（第 11 条）。一家支付机构若在任何成员国获得授权，就等同于该机构获得在单一市场营运的"通行证"（第 11 条）。若所在地监管机构间就准入监管归属有分歧或异议，须向欧洲银行管理局（The European Banking Authority，EBA）寻求帮助解决（第 27 条）。为增加透明度，欧洲银行管理局和成员国监管机构均同时建立和维护公开注册登记的已获授权支付机构的信息（第 14 条和第 15 条）。《指令》第 13 条规定，有关授权可以被撤回，授权被撤回的原因可以是多方面的，其中包括：获授权后的 12 个月后仍没有开展相关业务；有关业务停止了 6 个月；最初审批的条件得不到满足；或有关机构对市场稳定构成威胁。此外，根据《指令》第 6 条，有关支付机构控制权的变化须提前告知监管机构。

第二，资本要求（Capital Requirements）。根据《指令》的要求，从事支付服务的机构除须满足初始资本（又名自有资金）要求（Initial Capital Requirement）（第 7 条）外，还要持续确保其资本充足率不能低于某一特定水平（第 8 条和第 9 条）。《指令》第 7 条规定：

a）若有关支付机构仅从事《指令》附件一的第 6 点所指服务，其资本在任何时间均不能低于 2 万欧元；

b）若有关支付机构从事《指令》附件一的第 7 点所指服务，其资本在任何时间均不能低于 5 万欧元；

c）若有关支付机构从事《指令》附件一的第 1 点至第 5 点所指服务，其资本在任何时间均不能低于 12.5 万欧元。

《指令》第 9 条规定，有关机构可采用以下不同的方法计算其资本充足水平，而监管机构则可以对相关原始数据进行最大幅度为 20% 的向上或向下调整。

方法一：固定年度经营管理费用的 10%；

方法二：每月支付业务涉及金额的某一比例——500 万欧元以内为 4%，超过 2.5 亿欧元后的比率则递减至 0.25%；

方法三：基于利息收入、成本费用、佣金、业务费收益和其他收益采用指标法计算（Indicator Approach）。

第三，客户资金保护。《指令》第 10 条规定，为保护客户的资金安全，要么客户的资金以独立账户存放在获授权的接受存款机构，且客户资金不可以与支付服务机构的资金混合在一起；要么用适当的保单提供全覆盖的保障。《指令》第 18 条规定，除非在《指令》附件一中所列第 4 种和第 5 种情况下，支付机构既不得从事放贷业务，也不能接受公众存款。与此同时，《指令》也明确："尽管成员国有关于支付由信用卡项下的授信支持的规定，但根据第 11（9）条和第 28 条授予的与支付有关的信用应在短期内偿还，在任何情况下不得超过 12 个月。"此外，《指令》第 21 条还明确规定，有关支付服务机构须建立和维持适当的记录，有关记录须保存最少 5 年时间。

第四，支付的安全保障。《指令》第 95 条至第 98 条规定，PSP 必须建立一个用于管理操作风险和安全风险的框架，且每年必须就这方面的情况最少要向有关监管机构报告一次。若出现操作和安全事故，PSP 必须在没有不当延误的情况下立即向监管机构报告（第 96 条）。《指令》规定，若账户的接触或支配采用远程访问（Account Is Accessedremotely）（这包括在线访问账户和发起交易），在有关业务有潜在支付诈骗嫌疑，或其他账户滥用的情况下，PSP 必须采用"强客户认证"（Strong Customer Authentication）标准。《指令》第 97 条规定，相关的认证必须针对所涉及的特定的金额和收款人。欧洲银行管理局会按《指令》第 98 条的规定，负责制定这方面的具体"指引"，并按《指令》第 95 条第 3 点的要求，制定更详细的安全控制措施。根据《指令》第 4 条（30）的定义，"强客户认证"是指基于使用两个或多个分类为认知（只有用户知道的东西）、占有（只有用户拥有的东西）和独立的内在（用户使用东西）的要素进行的认证，其中一个要素的违反不会损害其他要素的可靠性，且旨在保护认证数据的保密性。

第五，资金冻结或拦截。《指令》第 75 条和第 76 条规定，若一笔支付交易所涉及的确切金额为未知数，PSP 可以因此冻结或拦截该等款项做延迟支付。PSP 只有在收到付款人对被冻结或拦截的金额作出明确同意的情况下，才会在没有不当延误的情况下将款项付出。在某些情况下，若有关付款指示涉及的金额意外地大，付款人有权要求退款。此外，《指令》第 77 条规定，由收款人发起的授权交易，付款人有权在 8 周时间内要求退款。服务提供者则必须在 10 天内要么按客户要求退款，要么给其客户提供拒绝退款的合理依据和理由，并向其客户解释《指令》第 99 条至第 102 条所规定的上诉权。

第六，投诉和争端的解决。《指令》第 99 条和第 100 条规定，成员国监管机构必须建立和维持相关机制，允许客户和其他利益相关第三方向它们投诉 PSP 涉嫌侵权事项。与此同时，《指令》还要求各成员国监管机构必须建立和维持相应的"备选争端解决程序"（Alternative Dispute Resolution Procedure），并用 PSP 提供服务所在国的官方语言予以公告。《指令》第 101 条和第 102 条规定，PSP 必须在收到投诉的 15 个工作日内，或例外的情况下在 35 个工作日内，以书面形式向提出投诉的客户作出答复，解决有关投诉所提出的所有问题。

除上述监管规定外，《指令》还就 PSP 与其客户的框架性协议、支付服务中当事人须提供的信息、支付指示执行时间时限、第三方接触以及支付发起服务提供者（Payment Initiation Service Providers）和账户信息服务提供者（Account Information Service Providers）等其他支付服务参与者的权利与义务列出相应的监管规定。

简言之，欧盟上述监管规定对我国正在蓬勃发展的金融科技支付服务监管规范，有着非常直接和有益的借鉴意义，其中要点包括：（1）规则为基的监管（Rule-based Regulation）体系及其透明度。（2）公平竞争机制与精神。《指令》明确不同的机构从事支付业务必须遵守相同的监管规则，金融科技公司也不例外。（3）授权和通行证制度安排。凡涉及公众利益的金融经营活动均须获得监管机构的事先授权和牌照限制。（4）资本充足要求。明确有关机构须为其所开展业务事先投入与其业务规模相对应的资本（或自有资金），以确保一旦有关机构涉险时，能有相应的资本吸收损失。（5）对涉及吸收公众存款和放贷的业务活动实行严格限制，除非获相应的业务许可，金融科技公司既不能接受公众存款，也不可以从事相应的放贷业务。（6）特别强调和注重保障客户利益。

（作者系标准普尔中华区前董事）